Une mort très douce

她弥留之际

[法]西蒙娜·德·波伏瓦 著

赵璞 译

Simone de Beauvoir

深圳出版社

果麦文化 出品

献给我的妹妹

不要温和地走进那个良夜，

老年应当在日暮时燃烧咆哮；

怒斥，怒斥光明的消逝。

——狄兰·托马斯[1]

---

[1] 狄兰·托马斯(Dylan Thomas, 1914—1953)：英国作家、诗人，生于威尔士，被称为"疯狂的狄兰"。波伏瓦在这里引用了狄兰在20世纪中期写给自己生命垂危的父亲的《不要温和地走进那个良夜》中的诗句。该诗有多个中文译本，此处采用的是巫宁坤的翻译。

Une mort très douce

1963年10月24日，周四，下午四点钟，我在罗马，待在密涅瓦酒店的客房里。我第二天就得坐飞机回家，电话铃响的时候我正在收拾证件。是博斯特[1]从巴黎打过来的。"你母亲出事了。"他对我说。我想，一定是被车撞了，脑子里浮现出她拄着拐杖，步履蹒跚地从车道走向人行道时，被一辆车撞倒的画面。"她在浴室里摔了一跤，把股骨颈给摔断了。"博斯特说。他和我母亲住在同一栋楼里。前一天夜

---

1 雅克-洛朗·博斯特（Jacques-Laurent Bost, 1916—1990）：法国记者，曾是萨特的学生，也是波伏瓦的长期情人，和奥尔加·科萨克维茨结婚。

里十点钟左右,他和奥尔加[1]在上楼时看到前面有一个女人和两个警察,还听到那个女人在说:"就在三楼上面的平台。"是不是德·波伏瓦夫人出什么事了?是的。她摔了一跤,在地板上爬了整整两个小时才够到电话机。她打给了自己的好友塔迪厄夫人,让她把门强行打开。博斯特和奥尔加跟着这几个人到了她的公寓,看到妈妈穿着她那件红灯芯绒睡袍躺在地上。据拉克鲁瓦医生(一位同住在这栋楼里的女医生)诊断,是股骨颈摔断了。布西科医院[2]的救护车接走了妈妈,她在这家医院的公共病房里住了一晚上。"我想把她带到 C 诊所,"博斯特告诉我,"B 教授就在那里工作,他是最好的骨外科医生之一。她开始还不同意,担心这要花你很多钱,不过最后我还是说服了她。"

---

1 奥尔加·科萨克维茨(Olga Kosakiewicz,1915—1983):曾是波伏瓦的学生,同萨特和波伏瓦都有感情纠葛。

2 布西科医院(l'hôpital Boucicaut):曾是巴黎第15区的公立医院。

可怜的妈妈！五个星期前，我从莫斯科回来的时候还和她一起吃了午饭。那时她看起来就很糟糕，不过她平时也是这样。曾经有一段时间——也不是很久之前，她还为自己看起来并不像她那个年纪的人而感到高兴。可如今再也不会有人把她的年纪弄错了——她就是一个七十七岁的女人，油尽灯枯。尽管在艾克斯莱班[1]进行治疗，也做了一些按摩，可她从战后就开始发作的髋关节炎却一年比一年严重，在一个街区转一趟就要花上一个小时。她每天要吃六片阿司匹林，却仍然病痛缠身，睡眠也很不好。从两三年前，尤其是从去年冬天开始，我就经常看到她眼下有深重的黑眼圈，脸部也消瘦憔悴，鼻子因痛苦而缩紧。她的私人医生 D 却说，这只不过是肝脏有问题、肠道不畅罢了，并不要紧。他开了一

---

[1] 艾克斯莱班（Aix-les-Bains）：法国东南部城镇，以沙滩浴场和温泉著称。

些药，如治疗便秘的罗望子胶。那天，我并没有因为她感到"身体欠安"而有所触动，让我难过的是她度过了一个糟糕的夏天。她原本可以在旅店或者接收寄宿的女修道院里度假，不过她更期盼我堂妹让娜能邀请她去梅里尼亚克[1]小住一些时日，或者到夏赫伯根我妹妹那里。可她们都因为有事没有邀请她。她只得待在巴黎，一座淫雨霏霏、荒凉孤寂的城市。"你知道我的，我从不感到沮丧，"她对我说，"但那时我真的好失落啊！"好在我走后不久，我妹妹就请她到阿尔萨斯住了两个星期。现在她的朋友们都回到了巴黎，我也要回来了。要不是这次骨折，我肯定还能看到健健康康的她。她心脏状况极佳，血压也非常稳定，像一个年轻的姑娘——我从来不担心不幸会突然降临到她的身上。

---

[1] 梅里尼亚克（Meyrignac）：法国利穆赞大区科雷兹省一个市镇。波伏瓦家族在此处拥有一栋宅院和两百公顷栗树园，后由波伏瓦的伯父继承。

六点钟左右，我打电话去诊所，告诉她我已经在回来的路上，要过去看她。她的语气有点犹疑，似乎不太相信。B教授接过电话，说打算周六上午给她做手术。

"你都有两个月没给我写信了！"我走到她病床边的时候，她说。我对这个说法表示抗议：其间我们见过面，我也从罗马给她寄过信。她听着我辩解，脸上还是一副不相信的样子。她的额头和手发烫，嘴巴都疼得有点扭曲变形了，说话含糊不清，脑子也糊里糊涂。是因为受到了惊吓吗？或者恰恰相反，这一摔是由轻微的中风引起的？她一直有神经性的痉挛（不，并不是一直，但有一段时间了。从什么时候开始的呢），眼睛眨来眨去，眉毛往上挑，前额皱成一团。我在那里的时候，这种神经性的运动一刻都不曾停过。当她平稳下来，光滑的眼皮就会垂下，完全遮盖住瞳孔。J，一位助理医生，过来告诉我们：没有手术的必要，股骨没有移位，休养三个月就可以复原。妈妈如释重负。她前言不搭后语地跟我描述她是怎么够到电话的，她的心情是如何焦虑，博斯特和奥尔加人有多好。她被送去布西科医院的时候还穿着睡衣，什么行李都没带。奥尔加第二天就给她送去了洗漱用品、古龙香水，还有一件相当漂亮的白色羊毛寝衣。她向奥尔加道谢，奥尔加却答道："可是，夫人，这是因为我爱您。"好多次，妈妈恍若深思又确信无疑地重复着这句话："她对我说：这是因为我爱您。"

"她似乎很愧疚，觉得自己是个累赘，如果你为她做了什么事情，她就会无限地感激你。这实在让人心碎。"那晚，奥尔加这样告诉我。她愤愤不平地说起D医生，说他不高兴我们叫了拉克鲁瓦医生，所以拒绝周四去医院看妈妈。"我站在那里，抓着电话打了二十分钟，"奥尔加告诉我，"在受了那样的惊吓又在医院里待了一晚上以后，你母亲需要她平日最熟悉的医生来安慰她。他却一个字都听不进去。"

博斯特认为妈妈并没有中风——他扶她起来时，她是有一点头晕，但神志还很清楚。然而，他很怀疑她能不能在三个月里恢复过来。股骨颈骨折本身并不是大问题，但长期卧床会引发褥疮，对老年人来说很难痊愈。长期卧床还会造成肺部的劳累，病人会得肺炎，甚至送掉性命。那时，我还没有什么感觉。尽管我的母亲很虚弱，但她一向顽强。而且，说到底，她也到了行将就木的岁数。

博斯特也通知了我妹妹，于是我在电话里和她长谈了一番。"我就知道这事会发生的！"她对我说。在阿尔萨斯，她就已经意识到妈妈越来越老，身体也越来越差了，所以她对利昂内尔[1]说："她不会熬过这个冬天了。"有个晚上，妈妈腹部剧痛，几乎要让人送她去医院，但早上的时候又好了很多。他

---

1 利昂内尔·德·鲁莱特（Lionel de Roulet, 1910—1990）：波伏瓦的妹夫，曾任欧洲委员会的外交官。

们开车送她回家时,她说自己住得还挺"开心,愉快"的——这是她自己的原话。她的精力恢复了,心情也不错。但是十月中旬,就在她摔倒的前十天,弗朗辛·迪亚多给我妹妹打了一个电话:"我刚刚在你妈妈家吃了午饭,她看起来真是很憔悴,所以我觉得应该给你提个醒。"我妹妹马上就编了个理由赶到巴黎,带妈妈去找了一位放射科的医生。看片子的时候,医生斩钉截铁地说:"你没必要担心,她的肠道中长了一种囊状物,这是一种由排泄物形成的囊状物,会造成肠道运动不畅,而你母亲吃得太少了,可能会导致营养不良。不过并没有什么危险。"他建议妈妈改善饮食,又新开了一些效果更猛烈的药。"但我仍然很担心,"普佩特[1]说,"我恳求妈妈晚上找个人陪护一下。她坚决反对:她不

---

[1] 普佩特(Poupette)即埃莱娜·德·波伏瓦(Hélène de Beauvoir,1910—2001):波伏瓦的妹妹,职业画家。

能想象有个陌生的女人睡在自己的公寓里。"我和普佩特达成了共识,她两周后会来巴黎,因为我打算去趟布拉格。

第二天,妈妈的嘴巴还是歪的,说话也有点困难,长长的眼皮软塌塌地盖在眼睛上,眉毛也一阵阵抽搐。她的右臂二十年前就因为从自行车上摔下来受过伤,一直没恢复过来。最近摔的那次又让她的左臂受了伤,两边都不得动弹。好在她被照顾得非常好。从她房间的窗户能俯瞰到一座花园,并且这个房间远离街道的喧嚣。我们把床移到了紧靠着墙的地方,和窗户平行,这样她伸手就能够到墙上的电话。她的背后被垫了些枕头,所以她更像是坐着而不是躺着,肺部也不会感觉劳累。她的充气床垫连接着一个电力装置,可以振动、按摩,这样就能防止褥疮了。每天早上都有一个理疗医师给她做腿部复健。看起来,博斯特的担心似乎都可以避免。妈妈用昏昏沉沉的声音告诉我,有个女仆会帮她把肉切好,并喂她吃下去,肉的味道棒极了,而布西科医院只会提供黑布丁[1]!"黑布丁!给病人吃!"她说话比前一天要轻松了,走出了那恐怖的两小时——那时她拖着自己的身体在地上爬,思忖自己能不能够到电话线并把电话机拉到跟前来。"有一天,我和马尔尚夫人说——她也一个人住——'还好我们有电话。''但你还得能够到它啊。'"妈妈意味深长地重复着最后几个字,重复了好几次,还补上一句,"如果没能爬到那儿,我应该已经完蛋了。"

她能不能大喊,好让别人听见?不,当然不能。我想象着她的痛苦。她相信天堂,可尽管年纪已经很大了,身体虚弱,健康堪忧,她还是深深地眷恋着这个世界。面对死亡,她有一种动物般的恐惧。她以前对我妹妹讲过她经常做这样一个噩梦:"有人

---

[1] 黑布丁(duboudin aux pommes):一种用动物的血、肉、脂肪以及燕麦和面包加工成的香肠。

在追我，我跑啊跑啊，跑到了一堵墙边；我必须得跳过这堵墙，可不知道墙后面有什么，这让我莫名恐惧。"她还对我妹妹说："死亡本身并不让我害怕，我所恐惧的只是这一跳。"当她在地板上一点点挪动身体的时候，她想，那一跳终于来了。"你摔倒的时候一定很疼吧？"我问她。"不，我想不起来了。压根就没什么感觉。"她失去意识了，我想。她记得头晕了一下，还说就在几天前，她在吃一颗新药的时候感觉到腿发软，好在及时在沙发床上坐下了。我狐疑地看着她让我们的小表妹玛尔特·科多尼耶从她的公寓带回的瓶瓶罐罐，还有各种各样的东西。她下决心继续治疗，这明智吗？

B教授傍晚来看她，我跟着他来到走廊上。他告诉我，若康复了，我母亲的行动至少可以回到之前的水平："她又能好好过自己的小日子了。"他是否认为她是晕倒的？他压根没考虑这个。我告诉他，可能是她的肠道问题引发了这些反应时，他似乎有点慌乱。布西科医院报告的是股骨颈骨折，他的诊断也就止步于此。他应该请一个全科医生给她做一些检查的。

"你还能像以前那样走路，"我对妈妈说，"你的生活会回到正轨。""噢，我再也不想踏进那个公寓！再也不要看到它了。无论如何都不回去！"

这座公寓曾经让她引以为傲！她很讨厌雷恩街的那套房子，因为我父亲总是在家里大发脾气，他的年纪越来越大，疑心病也越来越重，吵得整个家都不得安宁。他去世之后（不久后我祖母也去世了），她想和往日的记忆告别。几年以前，她的一个女性朋友搬进了一套小公寓，妈妈觉得这种新式玩意儿很迷人。出于我们都知道的原因，1942年时，房子很好找，她的梦想很快就变成了现实：她租了一间带长廊的小公寓，就在布洛梅街。她卖了仿黑檀的梨木书桌、亨利二世风格的餐厅家具、双人床和大钢琴，保留了其他家具以及一块很旧的红地毯。

她在墙上挂上了我妹妹的画作,在卧室里放上了一张沙发床。那些日子里,她在公寓里楼上楼下地跑。我倒觉得那个地方并不怎么舒适,它在三楼,虽然屋顶有个大窗户,但还是没有多少光线。楼上的房间——卧室、厨房、洗手间——总是黑乎乎的,而自从妈妈上一层楼梯都要痛得叫唤,那里就成了她每天待得最多的地方。二十年过去了,所有的东西,墙壁、家具、地毯都变得又旧又脏。1960 年,这栋大楼转手了,妈妈以为自己会被扫地出门,要去住养老院了。她找不到任何一个喜欢的地方,最爱的还是自己的房子。后来她总算知道别人没有权力把她赶出去,就继续住在布洛梅街。不过现在我和她的朋友们打算给她另寻一处舒适的养老院,等她康复了就可以在那里安居。"我向你保证,你再也不用回到布洛梅街了。"我说。

星期天,她的眼睛还是半闭半睁的,脑子也昏昏沉沉,说话很吃力,每个字都像从嘴里重重地掉下来似的。她又和我说了她的"骷髅地"。不过有件事情让她很欣慰：他们把她送到了这家诊所。她对这里的优点极尽溢美之词。"如果还在布西科，他们昨天就给我做了手术了！这里好像是巴黎最好的一家诊所！"但对她来说，单纯的赞美是不够的，还得加上一些责备的话才完美，所以她又补了一句，把附近的一个机构扯了进来："这里比G诊所好多了。有人跟我说G诊所根本就不行！"

"我好久都没睡这么好了。"周一的时候她对我说。她看起来又像平常那样了，说话清晰，眼睛能看到周围的东西，记忆也清楚起来。"应该给拉克鲁瓦医生送些花。"我答应去办。"那警察呢？要不要送他们一些东西？我给他们添了很大的麻烦。"我发现要让她相信没必要这么做还是挺难的。她靠在枕头上，看着我的眼睛，口气很坚定："我太累了，你知道吗？我把自己搞得筋疲力尽，我的这辈子已经到头了。我不想承认自己老了。不过人还是得直面一些事情；再过几天，我就七十八岁了，这是很大的岁数了。我也必须相应地安排我的生活，开启新的篇章。"

我钦佩地注视着她。很长时间以来，她都坚持认为自己还年轻。有次她的女婿笨嘴拙舌地说了什么，她就有点气恼地回应道："我很清楚我已经老了，对我来说这不是什么快乐的事情，我不想你提醒我这一点。"突然间，她从这三天的迷雾中飘了出来，意识到自己有力量去面对七十八岁。她头脑清晰，意志坚定。"我要开启新的篇章。"

我父亲去世之后，她就已经开启了人生的新篇章，所展现的勇气令人惊叹。她悲痛欲绝，却并没有陷入过往，而是享受重返自由的乐趣，按照自己的品位重新塑造生活。我父亲一点钱都没有给她留下，那时她已经五十四岁了。她通过了很多考试，参加各种培训，还拿到了一个资格证书，这个证书让她获得了一份红十字会图书馆管理员助手的工作。她又开始学骑车，每天骑车上班。战争结束后，她考虑过在家里做裁缝。那时候我也有能力帮助她。不过悠闲的生活并不适合她，她最终还是急切地投身于自己想要的生活，为自己找了一大堆事。她先是在巴黎郊区的一个防痨疗养院的图书馆做志愿者，后来又去了他们社区的天主教联谊会的图书馆。她喜欢收拾图书，给它们包上书皮，整理分类，保管查阅卡，给读者一些建议。她学习了德语和意大利语，还把英语捡了起来。她在缝纫工厂做刺绣，参加慈善义卖和各种演讲，结识了一大堆新朋友，也和那些被我父亲的坏脾气吓跑的老朋友重续旧缘，开心地在自己的小公寓里招待他们。最后，她也有能力去进行自己一直以来都非常热爱的活动：旅行——顽强地同自己僵硬的双腿关节做斗争。她去维也纳和米兰看我的妹妹。夏天，她一瘸一拐地走在佛罗伦萨和罗马的大街小巷，参观比利时和荷兰的博物馆。这几年，她几乎瘫痪了，只好放弃了周游世界。不过只要有朋友或者亲戚邀请她到乡下或者巴黎以外的地方去,就没有任何事情可以阻挡她:她会毫不犹豫地在乘警的帮助下登上火车。她最喜欢坐汽车旅行。前一段时间,她的侄孙女卡特琳还在晚上开雪铁龙2CV载她去梅里尼亚克,行程超过450公里。她下车时精神百倍,如同绽放的花朵。

她的活力使我惊奇,她的勇敢让我肃然起敬。为什么呢?如果她能开口说话,她会不会再说一些让我瞬间僵住的话?她对我谈起在布西科的那一夜:"你知道那些底层妇女是什么样的吗?她们哼哼唧唧。""那些医院的护士,他们为了钱才待在那里,所以……"这些话是现成的,像呼吸一样自然,赋予这些词汇以意义的仍然是她的意识,让人听了不禁感到尴尬。她身体疼痛难耐,脑子里却满是臆想,这对比让我悲不自胜。

理疗师走到了妈妈的床边,掀开被子,抓住她的左腿。妈妈穿着一条医院的睡裙，裙子敞开着，她一点也不介意展露她布满皱纹的肚皮（上面有一道道纵横交错的细纹）和光秃秃的耻骨。"我不再有羞耻感了。"她不无惊奇地说道。"你说得对。"我说，但依然转过身去，目不转睛地盯着花园。母亲赤裸的身体让我感到震惊。对我来说，没有比这具身体更虚无的存在，但也没有一具身体比它承载了更加丰富的内涵。小时候，我深深地爱着它，青春期时，它却让我慌乱不安，厌恶反感。这个过程是如此典型，我理所当然地认为，她的身体就应该具有双重的属性，既使人厌恶又具有神圣性——一个禁忌。尽管如此，我还是惊讶于我的痛苦是如此强烈。母亲的无动于衷让事情变得更糟：她逐渐地抛弃压制了她一辈子的条条框框，我也认同这种做法。唯有这具身体，因她的投降退让而突然成了一具身体，不再有其他的意义，与尸体无异：可怜得再也没有反抗能力的尸体，被专业人士摆弄来摆弄去，倘若看起来还一息尚存，也仅仅是由于它本身愚蠢的惯性罢了。于我而言，母亲一直都在那里，我从未认真地想过有一天我很快就要看着她离去。她的死期，如同她的出生日，都属于传说的时代。当我对自己说：她已经到了行将就木的岁数。这种话毫无意义，正如很多话一样毫无意义。这是第一次，我要把她看作一具被判缓刑的尸体。

第二天早上，我按照护士的要求去买女式睡衣——短款的，不然会在病人身下皱成一团，引发褥疮。"你说的是这种背带裙睡衣吗？娃娃款的？"商店的女售货员问。我觉得那件睡衣就像它的名字一样，轻软、柔和，是为年轻人，为那些青春美好的肉体设计的。秋色可爱，天空湛蓝，我却穿行于一个铅灰色的世界，明白母亲的事对我的冲击远远地超出了我的想象。我真的不能明白这究竟是为什么。我一直将她禁锢在某种框架、角色和僵化的形象之中，而这件事却让她从中挣脱了出来。我能看出她生病了，躺在床上，但我看不清她在我内心唤起的遗憾或者说动荡。最终我决定买下几件"四分之三"[1]，粉色的，上面还有白色的小圆点。

在我探望妈妈的时候，负责照看妈妈整体身体状况的T医生也来了。"你好像吃得很少？""这个夏天我很压抑，没什么心思吃东西。""你是嫌做饭麻烦吗？""我是说，我给自己做了好几道小菜，但碰都没碰。""啊哈！那就不是因为懒了，你也会给自己做好几道小菜？"妈妈认认真真地回答道："有一次，我给自己做了芝士蛋奶酥，动了两口就不能再吃了。""我知道了。"T医生居高临下地笑了笑。

J医生，B教授，T医生，他们仪表堂堂，纤尘不染，闪亮耀目，衣冠楚楚，以高高在上的姿态对这个脏兮兮，甚至看起来就像个野人的老妇人俯下身躯——这些大老爷们儿。我从中辨认出了一种肤

---

[1] 袖子不超过手腕的衫衣。

浅的自我重要性——重罪法庭的大法官面对那些生死一线的被告时所感受到的那种自我重要性。"你也会给自己做好几道小菜？"当妈妈基于对他的信任努力回忆时，他的笑毫无道理——她是拿自己的健康做赌注。B教授有什么权力对我说"她又能好好过自己的小日子了"？我拒绝这种价值观。当特权阶级以我母亲之口发声时，我怒发冲冠；但当卧床不起的病人奋力同自己瘫痪与死亡的命运抗争时，我完完全全地站在他们这边。

另一方面，我对护士们心怀同情。因为那些必要的工作，他们与自己的病人绑在了一起，这些工作对亲密度的要求极高，让她觉得丢脸，也使他们感到恶心，但他们对妈妈至少展现出了友爱。年轻、美丽、能干的洛朗小姐——那位理疗医师，就懂得怎么去鼓励妈妈，怎么获得她的信任，使她平静下来，而从不假装自己高人一等。

"你明天需要拍一下胃部的X光片。"最后T医生说。妈妈很苦恼:"所以说你打算让我吞下那个可怕的东西。""没那么糟糕!""噢,真的很糟糕。"单独和我在一起的时候,她可怜巴巴地对我说:"你都不知道那东西多恶心!味道糟透了!""先别想了。"可是她也没有别的东西可想。自从她住进这家诊所,食物就成了她最关心的东西。尽管如此,她幼稚的关注点还是让我大为惊奇。毕竟,她承受着一大堆病痛,却并无畏缩。她对这种难吃的药物的恐惧里是不是隐藏着更深层次的忧虑呢?可那时,我并没有向自己提出这个问题。

第二天他们告诉我 X 光片(胃部和肺部)的结果非常好,没有任何不对劲的地方。妈妈穿着粉色白点的睡衣,披着奥尔加借给她的寝衣,绑着大辫子,看起来很平静,不再像一个生病的女人。她的左臂恢复了,可以摊开报纸,打开书或者接电话,而不需要借助别人的帮忙。星期三,星期四,星期五,星期六。她玩填字游戏,读伏尔泰的恋爱史以及让·德·莱里[1]所描绘的巴西探险，浏览《费加罗报》和《法兰西晚报》。我每天早上过来，只待上一两个小时。她也不想留我更久，她有一大堆的访客，甚至有时还向我抱怨："我今天已经见了太多的人了。"房间里摆满了鲜花——仙客来、杜鹃、玫瑰、银莲花，床边的桌上还有堆得高高的水果、巧克力和糖果盒。"你是不是厌烦了？"我问她。"噢，不是！"她感受到了被服务、被照顾、被宠爱的乐趣。此前，她需要借助一只小凳子，费好大的力气才能翻进浴缸，给自己穿袜子都意味着要痛苦地弯腰。现在，每天早晚都会有一位护士过来，给她擦古龙水，并搽上一些滑石粉。她的晚饭由推车送过来。"有个护士让我很生气，"她说，"她问我想什么时候走，可我一点都不想走。"当我们说她很快就可

---

[1] 让·德·莱里(Jean de Léry, 1536—1613)：法国探险家、作家、牧师，著有《巴西之旅的故事》。

以坐轮椅转到一处疗养之家时,她的脸上阴云密布:"他们打算赶我走了。"但她有时也会考虑自己的未来。有个朋友向她说起离巴黎一小时车程的疗养院。"没人会来看我,我会很孤独的!"她不高兴地说。我向她保证她不会被"流放",还给她看了我收集的疗养院名单。她开心地想象着自己在讷伊[1]一所宅院的花园中一边晒太阳,一边读书或织毛线。她用半是遗憾半是开玩笑的口气对我说:"我的邻居们会难过的,因为他们再也见不到我了。那些联谊会的夫人们啊,我会想念她们的。"有一次她这么跟我说:"我以前总是为别人活,现在我应该成为只为自己活的自私老太太。"只有一件事困扰着她:"我不能自己洗澡了。"我安慰她,护工和护士们会照料这些事的。与此同时,她很高兴自己能在"巴黎最好的,比 G 诊所好多了的诊所"调理身体。我们一直都顺

---

[1] 讷伊(Neuilly):巴黎郊区地名。

着她。除了X光以外,她还做了几次血液检查,所有的项目结果都是正常的。晚上,她的体温升高了,我想知道是为什么,护士却似乎不以为意。

"昨天,我见了很多人,累死我了。"星期天的时候她告诉我。她心情不好,跟她相熟的护士没有上班,一个不太熟练的女孩把尿盆打翻了,床铺甚至垫板都湿了。她不时闭上眼睛,记忆也很混乱。T医生没搞明白D医生送去的片子,第二天还要再做一次X光。"他们会给我用钡剂灌肠[1],那会很痛的!"妈妈告诉我,"他们又会把我摇来晃去,从这里推到那里。但我只想一个人安静地待着!"我按住她湿冷的手:"先别想这个。别太焦虑,过度的焦虑对你身体不好。"她的精神渐渐恢复了些,但看起来比前一天要虚弱。她的朋友打电话来都是我去接的。"好吧!"我对她说,"真是没完没了啊。英国女王也享

---

1 用来诊断结肠病变的一种方法。

受不到这样的宠爱——鲜花啊,信件啊,糖果啊,还有电话!这么多人在想念你!"我握住她疲倦无力的手。她闭着眼睛,可怜的嘴角挂着一抹苍白的微笑。"他们喜欢我,因为我乐呵呵的。"

她预计星期一会有许多访客,不过我很忙,直到星期二早上才来。我推门进去,却僵在了原地。妈妈,她好瘦啊,似乎还变得越来越消瘦,越来越干瘪——如同一根枯萎的暗红色树枝。她有点糊涂地低语道:"他们完全把我榨干了。"她要等到晚上才能做 X 光检查,而且整整 24 个小时都不能喝水。钡剂灌肠检查并不疼,但是那种饥渴和焦灼让她筋疲力尽。她的脸皱成一团,紧张又痛苦。X 光检查的结果怎么样?"我们不知道怎么去解释它。"护士惊慌地回答。我设法去见 T 医生。这一次,影像提供的信息仍不明朗。他的解释是没有形成"囊肿",但肠道因痉挛而扭曲,神经性的,从昨天开始就不能正常运转了。母亲有一种顽固的乐观精神,但即便如此，她还是一个容易焦虑紧张的人——这解释了她为什么会抽搐。她太疲倦了，没法接待访客。她让我给 P 神父打电话，取消见面——P 神父是她的告解神父。她不怎么跟我说话了，也笑不出来。

"我明天晚上再来看你。"我走的时候说。妹妹晚上到了，打算第二天早上去诊所。晚上九点，我的电话响了。是 B 教授。"我想给您的母亲配一个夜班看护，您同意吗？她的情况不大妙。您原想明晚来，但最好早上就到。"最后，他告诉我，有一个肿瘤堵塞了小肠——妈妈得了癌症。

癌症。大家都在说。它甚至已经肉眼可见了：黑眼圈和日渐消瘦的身体。可她的医生排除了这种假设。众所周知，父母总是要到最后才承认他们的儿子发疯了，孩子总是最后才知道自己的母亲得了癌症。她一辈子都在恐惧癌症，我们却根本没往那个方面去想。四十岁的时候，她的胸部在一件家具上撞了一下。她害怕得不行："我会得乳腺癌的。"

去年冬天，我的一个朋友因胃癌做了手术。"我也会得这个病的。"我当时耸了耸肩：癌症和用罗望子胶治疗的肠运动过缓之间天差地别。我们从未想到妈妈的执念可能是合理的。然而（她是后来才告诉我们的）弗朗辛·迪亚多想到的就是癌症。"我认得那种表情，还有——"她补充道，"那种味道。"一切都明朗了。妈妈在阿尔萨斯突然发病是肿瘤引起的。肿瘤导致了昏厥、摔倒。两个星期的卧姿又引发了肠梗阻，而后者早就威胁了她的生命。

普佩特给妈妈打了好多次电话，以为她身体甚佳。相比我，普佩特和她更亲近，也更喜欢她。我不能让她去医院，让她骤然看到妈妈的濒死之态。我打给她，她在迪亚多家，刚下火车不久。她原本睡着了——一下就被惊醒了！

那是11月6日，星期三，煤气、电力和公共交通都在罢工。我请博斯特开车来接我。他来之前，B教授又打过来了一个电话：妈妈吐了一整夜，很有可能熬不过这个白天了。

　　街上没我想象的那么拥堵。十点钟左右，我在114号房间门口见到了普佩特，把B教授对我说的跟她复述了一遍。她告诉我，一大清早就有一个重症监护医师N医生在给妈妈施救：他打算用一根管子从鼻腔插进她的胃里给她洗胃。"但如果她已经病入膏肓，折磨她还有什么意义呢？让她安安静静地走吧！"普佩特哭着说。我送她去找博斯特，他等在大厅——他会陪她去喝点咖啡。N医生从我身边走过，我叫住他。白色大衣，白色帽子，一个表情冷漠的青年男子。"为什么要用这种管子？既然都没有希望了，为什么还要折磨妈妈？"他轻蔑地看着我，"我只是在做必须要做的事。"他推开了门。过了一会儿，一个护士叫我进去。

　　病床被放回了房间中间，床头抵着墙。左边放着一个静脉注射架，连着妈妈的手臂。她的鼻腔连着透明的塑料管，中间通过一些复杂的装置，最后连到一只广口瓶中。她的鼻子痛得缩在一起，脸紧紧皱着，顺从得让人感到悲哀。她小声告诉我，这个管子并没给她带来太大的困扰，但夜里她可受了大罪。她渴极了却不被允许喝水。护士放了一根管子到她嘴里，管子的另一端插在一杯水里。妈妈可以润一下嘴唇，却不能吞进去。我被那个吮吸的动作迷住了，那动作是贪婪的，也是克制的。她的唇上有淡淡的柔和的阴影。我的童年时代，只要妈妈生气或难堪，她的嘴就是这样动的。"你想让我把这些东西留在胃里吗？"N医生咄咄逼人地问，给我看了一罐淡黄色的东西。我没应声。在走廊里，他说："破晓时分，她只剩下四个小时了，我把她抢救回来了。"我不敢问他："为什么要救回来？"

专家会诊。一个内科医生和一个外科医生（P医生）给她浮肿的腹部做触诊检查，妹妹站在我这边。妈妈在他们的手指下呻吟，她疼得叫了出来。注射吗啡。她仍在哼哼。"再注射一次吧！"我们恳求道。

他们不同意：过量的吗啡会麻痹肠道。他们希望接下来会发生什么呢？因为罢工，停电了，他们送了一份血样到美国医院，那里有自己的发电机。他们考虑做手术吗？这几乎是不可能的，外科医生出病房时跟我们说，病人太虚弱了。他走开了，一个年纪较大的护士贡特朗一听到他走了，赶忙对我说："别让他们给她做手术。"她说完赶紧捂住自己的嘴："不要告诉 N 医生是我告诉你的！我之所以跟你说是因为她就像我自己的母亲。"我问她："如果给她做手术会怎样？"但她又不说了，没有回答。

妈妈睡着了。我离开前给普佩特留了电话号码。五点的时候，她往萨特的住处给我打电话，语气里满是希望："外科医生想试着做手术，血液分析非常乐观，她的力量恢复了，心脏也可以挺过来。毕竟，还不能完全确定就是癌症，也许只是腹膜炎。如果是这样，她还有一线生机。你同意吗？"（别让他们给她做手术。）"好，我同意。什么时候？""两点钟到这儿。先不告诉她手术的事,但要给她再拍一次X光。"

"别让他们给她做手术。"可是,与专家的决定相比,与我妹妹的希望相比,这声音太微弱了。妈妈可能再也醒不过来了?那还不是最糟糕的。我也想象不出来一个外科医生会冒这样的风险——她会挺过来的。这场手术会让病情恶化吗?无疑,这就是贡特朗女士话里的意思。但如果放任眼下的肠梗阻发展下去,妈妈可能活不过三天,我特别害怕她会在痛苦中死去。

一个小时过后,电话又响了,电话另一边的普佩特抽泣着说:"马上过来。他们已经做了手术。发现了一个很大的肿瘤,恶性的……"萨特和我一起下楼,陪我乘出租车到医院。我的喉咙因极度的痛苦而缩紧。一位男护士给我指明了休息室的位置——就在进门的大厅和手术室的中间,我妹妹在那里等着。她烦乱至极,我给她要了一些安定。她告诉我，医生非常自然地告诫妈妈，拍 X 光之前他们要先给她注射镇静剂。N 医生让她睡着了，麻醉过程中普佩特一直握着妈妈的手，我可以想象，当她注视着这具衰老、饱受摧残、几乎一丝不挂的身体时是何等煎熬——更何况这还是她妈妈的身体。妈妈的眼睛翻上去了，嘴巴也张着，那副面容，普佩特永远都无法忘记。妈妈被推进了手术室，过了一会儿 N 医生从里面出来了——腹部有两升的浓汁，腹膜破裂，肿瘤巨大，最凶险的那种癌症。外科医生移除了所有能被移除的东西。当我们等在那里的时候，堂妹让娜和她的女儿尚塔尔来了。她刚刚从里摩日过来，以为会看到妈妈静静地躺在床上——尚塔尔还带了一本填字游戏的书。我们商量妈妈醒来该怎么对她说。简单极了：X 光显示她患上了腹膜炎，于是当机立断地进行了手术。

妈妈刚刚被送回她的房间了，N 医生告诉我。他赢了——早上她已经踏进了地狱，现在已经成功地挺过了一场漫长又凶险的大手术。感谢最新的麻醉术，她的心脏、肺部甚至全部的器官都能继续正常运转了。毫无疑问，在这一丰功伟绩之后，他彻底清洗了双手。妹妹对外科医生说："给妈妈做手术可以，但如果是癌症，请向我保证别让她受苦。"他答应了，但他的保证有什么意义？

妈妈平躺着睡着了，脸色蜡黄，鼻子紧蹙，口唇微张。我妹妹和一位夜班护士守着她。我回去后和萨特聊了一会儿，又一起听巴托克[1]的音乐。突然，十一点时，我的泪水夺眶而出，几近歇斯底里。

惊愕。我父亲去世时，我一滴眼泪都没掉。我曾对妹妹说："若妈妈去世，我也是这样。"我的一切痛苦，在这天晚上之前，我都是明白的——哪怕我已经被痛苦吞没了，我也能保有自己的理智。但这一次，绝望超出了我的控制：一个不是我的人在

1　贝拉·巴托克（Béla Bartók, 1881—1945）：匈牙利音乐家。

我的内心深处哭泣。我对萨特说起我母亲的嘴，正如我早上看到的样子，还有我从中解读出的一切：贪吃又拒斥，谦卑得近乎屈从，希望、悲痛、孤独——死亡的孤独，活着的孤独——她不想承认的。而我自己的嘴，他告诉我，也不再听命于我：我把母亲的嘴置于我的脸上，模仿它却不知自己的模仿。她的整个人，她的整个存在都变得具体，同情令我肝肠寸断。

Une mort très douce

我想，我母亲还是个小姑娘的时候，可能不大快乐。她只跟我说过一件美好的往事：她祖母家在洛林的村庄里有一座小花园，他们在那里吃黄香李和青李子，坐在树上，边摘边吃。但关于她童年在凡尔登的生活，她一个字也没有跟我提过。她有一张八岁时的照片，穿得像朵雏菊。"你的衣服很漂亮。""是的，"她答道，"但我的绿色长袜掉色，染到了我的皮肤上。我花了三天才把它弄干净。"她语气里略有怒意——过去的苦涩涌上心头。她不止一次对我抱怨她母亲的冷漠。我的外祖母，那时候五十岁，是一个冷漠又自视甚高的女人，不苟言笑，却爱搬弄是非。她对妈妈的爱不过是例行公事。因为她疯狂地依恋着自己的丈夫，孩子在她的生命里只是一种次要角色。而提及我的外祖父，妈妈也常语带怨憎："除了你莉莉阿姨，他对谁都没时间。"莉莉，比妈妈小五岁，娇柔窈窕，在她姐姐的心中引起了强烈而无法根除的嫉妒。在我的青春期之前，妈妈就把崇高的智力和道德品质归属于我，将自己和我认同，羞辱轻慢我的妹妹——普佩特是小妹妹，娇柔窈窕，下意识地，妈妈把自己的仇恨投射到了她身上。

她骄傲地对我说起飞鸟修道院和那里的女修道院院长，后者的教引帮助她恢复了自尊心。她给我看过一张她们班的照片：在公园里，六个女孩坐在两个修女中间；四个寄宿生，穿着黑色衣服；两个走读女生（妈妈和她的朋友），穿着白色的罩袍。她们都戴着高高的修女头巾，穿着大长裙，梳着一丝不苟的圆髻，目光空洞。妈妈的生活被束缚在最严格的教条之中——教会的规矩与修女的美德。

二十岁的时候,她经历了另一桩情感挫折。她喜欢的表兄爱上了他的另一个表妹——我的热尔娜阿姨。终其一生,她对这些憾事都抱有一种敏感和敌意。

当她和我父亲在一起时,她又容光焕发了。她爱他,钦慕他。毫无疑问,有十年的时间,他让她获得了肉体上的欢愉。他爱拈花惹草,有过很多风流韵事,喜欢读马塞尔·普雷沃[1]的作品,赞同他说的:对新婚妻子的激情不应该超过对情妇的。妈妈的面容,唇上那细细的小绒毛,流露着炙热的情欲。他们之间的默契是显而易见的:他轻抚她的手臂,殷勤备至,说一些深情款款的废话。有天早上——大概在我六岁或七岁的时候——我看到她赤足走在

---

[1] 马塞尔·普雷沃(Marcel Prévost,1862—1941):法国作家、戏剧家、法兰西学院院士。

走廊的红色地毯上，穿着一条白色的亚麻睡裙，卷曲的头发垂在脖子后面。我被她光彩熠熠的微笑击中了，感到她刚刚离开的房间里藏着一个秘密。我很难把这个光彩照人的形象同我的母亲，一个令人尊敬的成年人联系起来。

但是，没有什么能让我们的童年消失，而妈妈的幸福也并非没有阴霾。我父亲的自私早在他们度蜜月的时候就显现了出来：她想看意大利的湖泊，但他们的旅程到尼斯就停下了，因为那里正值赛马季。她常常想起这段不快的记忆，并无怨恨，却也不无遗憾。她热爱旅行，曾说"我本想成为一名探险家"。她年轻时最快乐的事情就是参加我外祖父组织的骑车或徒步旅行，穿过孚日山脉和卢森堡。她不得不放弃很多梦想——父亲的意愿总是优先于她的。她不再和自己的朋友约会，因为他觉得她们的丈夫很无趣。他只喜欢待在沙龙和剧院。她高高兴兴地追随着他——她喜欢社交。不过她的美貌并不能使她免于恶意的攻讦——她是一个外省人,也并不机智敏捷。在这个非常巴黎的社交圈中,人们嘲笑她的笨拙。她在那些地方认识的一些女人还同我父亲有染——我可以想象那些窃窃私语,那些恶毒言辞。父亲在书房里放了他最后一位情妇的照片,一个美艳聪慧的女人,有时会和她的丈夫一起来我家。三十年后,他笑着跟妈妈说:"你把她的照片藏起来了。"她否认了,但他并不相信。有一件事是可以确定的,即甚至从蜜月期开始,她就在忍受着爱情与骄傲的双重折磨。她感情激烈又全情投入——她的伤口愈合得很慢。

后来,外祖父破产了。她自觉不光彩,以至于和凡尔登的旧交们都断了联系。向我父亲允诺的嫁妆也没有兑现。她觉得他不责备她真是宽容大度,一辈子都对他怀有愧疚之情。

尽管如此,她的婚姻是成功的——两个深爱她的女儿,相对的富足,直到战争结束妈妈都未曾抱怨过自己的命运。她感情充沛，活力四射，她的笑容使我着迷。

当爸爸的境遇变差，我们处于半贫困之中时，妈妈决定辞掉女仆，独自照料家里。不幸的是，家务劳动让她感到吃尽苦头，还使她觉得自己的个人价值被贬低了。她可以不辞劳苦，为父亲、为我们付出而不求回报，可没有一个人能毫不痛苦地说"我牺牲了我自己"。妈妈的矛盾之一就是她全然相信无私奉献的高尚，但与此同时又有着自己的趣味、憎恶和愿望，它们是如此强烈地支配着她，使她无法不去厌恶那些与之相抵触的东西。她持久地反抗着由自己强加于自己的条条框框。

遗憾的是，某些偏见让她没有去寻求更好的解决办法（二十年后她这么做了）：出去工作。她的记忆力非常好，又坚忍不拔、尽职尽责，可以去当个秘书或者图书管理员——她会感到自信的提升而不是丧失。她会有自己的朋友，并逃离依附的地位——按照传统的观念，这种依附再自然不过，但其实这与她的天性格格不入。她也很可能更顺利地度过她所经历的那些挫折。

我不怪我父亲。众所周知，对男人来说，习惯会终止欲望。当妈妈不能让他感到新鲜，他就失去了热情。为了重燃爱火，他投向了凡尔赛咖啡馆或斯芬克斯[1]的妓女们的怀抱。我在十五岁到二十岁的时候，不止一次地看到他早上八点钟才到家，身上一股酒味，胡扯一些打桥牌或者打扑克去了的鬼话。妈妈迎接他，没什么特别的反应，或许她信了他，或许只是轻车熟路地避开了难堪的真相。但她无法忍受他的冷漠。单单是她的例子就足以说服我：资产阶级婚姻是一种反自然的制度。她手上的结婚戒指赋予她快乐的权力，她的欲望与日俱增。可是三十五岁，在她一生的黄金时代，她却不再能获得

---

1 斯芬克斯（Sphinx）：原先是巴黎左岸一所著名的妓院。

这方面的满足。她继续睡在这个她深爱的男人身边，可是他再也不和她做爱——她期盼着，等待着，虚耗着自己的生命。这种彻彻底底的禁欲对她的骄傲是一种考验，比容忍我父亲的滥情更甚。我一点都不惊讶她的脾气变得越来越差——扇耳光，大吼大叫，发火，这些场景不仅是私下的，有客人在场时也是如此。"弗朗索瓦丝的脾气像狗一样差。"父亲曾这样说。她承认自己很容易就"飞出控制"。不过听到别人说出"弗朗索瓦丝太可悲了"或"弗朗索瓦丝有点神经质"之类的话时，她还是很受伤的。

年轻时，她喜欢穿衣打扮。别人说她看起来就像我姐姐时，她就会容光焕发。我父亲的一个表亲拉大提琴，她会弹钢琴给他伴奏。这位表亲曾恭敬地追求过她，在他结婚时，她非常讨厌他的妻子。在性生活和社交生活双双结束之后，妈妈不再关注自己的外表，除非去出席一些必须"盛装"的场合。我记得有一次度假回来，她在车站等我们，戴着一顶有小面纱的漂亮天鹅绒帽,扑了一些粉。我妹妹开心地叫起来:"妈妈,你看起来就像一个高雅的贵夫人!"她开怀大笑,因为她早已不以优雅为傲。修道院的教育使她蔑视自己的身体,将之视为不洁之物,她也这样教育自己的女儿们。然而——这是她的另一重矛盾——她仍保有被取悦的欲望,会被花言巧语打动芳心,并轻佻地给予回应。我父亲的一个朋友把一本(自费出版的)书献给她:"致弗朗索瓦丝·德·波伏瓦,她的生活让我钦慕。"她感到格外骄傲。这是一份暧昧的礼物:她以谦卑获得了赞赏,而这种谦卑也使她失去了崇拜者。

当身体的愉悦被剥夺,当虚荣心得不到满足,当乏味的家务劳作让她疲惫不堪,饱受羞辱,这个骄傲又顽固的女人便不再甘心顺从了。在愤怒当中,她不停地唱歌,说闲话,讲笑话,用喋喋不休的抱怨淹没她的心。父亲去世之后,热尔娜阿姨暗示他不是一个好丈夫,妈妈严厉地驳斥了她:"他总能让我很开心。"当然，她也经常这样告诉自己。不过，这种勉强支撑的乐观并不足以平息她的怒气。她全身心地投入那件她唯一还可以掌控的事情中——吸食那两个她所钟爱的年轻生命。"至少我从不自私，我为他人活着。"她后来这样对我说。是的，但也是通过他人活着。她占有欲强，骄横霸道，想把我们牢牢地控制在掌心。但当这种补偿心理对她来说变得不可或缺的时候，我们也开始向往自由和孤独。冲突被激化，爆发了出来，妈妈的心态更加没法平衡。

然而她还是最强悍的那一个——赢的总是她。在家里，我们要把所有的门都打开。我必须在她眼皮底下，在她坐着的房间里做功课。晚上，我和妹妹在两张床上聊天，她把耳朵贴在墙上，以满足自己的好奇心，然后叫我们"闭嘴"。她不准我们学游泳，也不让爸爸给我们买自行车——这些乐趣她无法共享，我们会逃离她的。她坚持参加我们的娱乐活动，这不仅因为她自己没有什么娱乐项目，也和她的童年有关，她无法忍受被冷落的感觉。就算她知道自己并不被需要，还是会毫无顾忌地强行加入。有一晚，在拉葛黑耶尔，我们和表亲的朋友们待在厨房里，有男孩也有女孩，烹饪着刚刚借着灯笼的光捕捉的小龙虾。妈妈突然闯进来，她是这里唯一的大人："我当然有权和你们一起吃晚饭。"她把一切都搞砸了，还赖着不走。有一次，表哥雅克[1]约了我和我妹妹在秋季沙龙[2]的门口见，妈妈也跟着来了。表哥没有出现。"我看到你们的母亲了，所以我走开了。"第二天他告诉我。她总是要让自己在场。如果我们邀请朋友来家里——"我当然有权和你们一起喝茶"——她主导整个谈话。在维也纳，在米兰，妈妈展现出的自信常常让妹妹感到惊愕，因为即便在那

---

1 雅克·夏尔·尚皮涅勒（Jacques Charles Champigneulle，1907—1955）：波伏瓦的表哥，也是波伏瓦少女时期的暗恋对象。

2 秋季沙龙（Salon d'Automne）：1903年以来在法国巴黎举办的年度艺术展。

些多多少少有点正式的晚宴上，她也要争先恐后。

这种笨拙的入侵和自大的爆发，是她找回自己的机会——通常她并没有展示自己的机会。她的社交圈很小，如果我父亲在场，就由他主导局面。这句让我们痛苦的"我当然有权"，证明了她其实是个缺乏自信的人——她的要求本身并不合理。她不懂得自我控制，有时会变成泼妇，不过通常情况下，她会谨言慎行，甚至有些卑微。她会因为一些琐事和我父亲吵架，但从来都不敢向他要钱。她不怎么在自己身上花钱，也不怎么给我们钱，却允许他在外面夜夜笙歌，星期天只顾自己出去玩。他去世之后，她要倚靠我和普佩特生活，但表现出了同样的顾忌：不给我们添麻烦。我们赡养她以后，她再也没有其他的方式表达自己的感情了；而过去，在她眼里，她对我们的照顾合理化了她的专横。

她对我们的爱又深沉又专断，这种爱给我们带来的痛苦体现了其自身的矛盾。她是一个很敏感脆弱的人，会在长达二十到四十年的时间里反复咀嚼别人对她的某个指责或批评，隐隐约约的积怨转化成咄咄逼人的行为：鲁莽直白，冷嘲热讽。对我们，她常常会表现得残酷且不近人情，这并不是说她具有虐待倾向，只是说她缺乏深思熟虑：她的愿望不是让我们难受，只是要证明自身的力量而已。我在扎扎[1]家度假的时候，我妹妹给我写信。作为一个处于青春期的少女，她向我敞开心扉，吐露内心的秘密和困扰。我写了回信。妈妈拆了我的信，在普佩特面前大声读了出来，为里面的秘密尖声大笑。普佩特气得僵在那里，因妈妈的轻蔑态度而感到受辱，发誓永远都不会原谅她。妈妈号啕大哭，在一封信中请求我帮她们和好，我照做了。

她越想确立对我妹妹的绝对权威，对我们的友

1　扎扎（Zaza）即伊丽莎白·拉孔（Élisabeth Lacoin, 1907—1929）：波伏瓦少女时期最好的朋友。

谊就越加妒忌。她知道我失去了信仰，就怒气冲冲地向普佩特大喊："我要让你远离她的影响。我要保护你！"假期里，她不准我们单独见面，我们只好偷偷在栗树林里约会。这种妒忌折磨了她一辈子，直到最后我俩还保持着瞒着她见面的习惯。

不过我们也经常被她温暖的爱意打动。普佩特十七岁时，无意间卷入了爸爸和他自认为最好的朋友阿德里安叔叔的争论中。妈妈为了她和爸爸激烈争辩，爸爸好几个月都没和他的女儿说话。后来，他对我妹妹依旧不满，因为她不愿意为了生计牺牲自己的画家事业。她继续住在家里，他不给她一分钱，也不再抚养她。妈妈坚持和她站在一起，殚精竭虑地帮助她。从我的方面来讲，我很难忘记在爸爸去世之后，妈妈如何体贴地催促我和一个朋友一起去旅行。当时，只要她叹一口气我都会回来。

她的笨拙破坏了她和其他人的关系——没有比她试图分裂我和妹妹这件事更让人遗憾的了。表哥雅克（因为父亲的关系，她对他有点爱屋及乌）来雷恩街不如以往频繁，她就会说一些自以为好笑的话来打趣他，他对此感到非常恼怒，反而来的次数越来越少。我决定住在祖母家时，她的泪水在眼眶中打转。我很感激她并没有过多的情感表示，她也一直有意避免。然而，那年我每次在家里吃饭时，她都嘟囔着说我忽视了家庭，尽管实际上我经常回家。出于骄傲或某些原则，她从不要求什么，但会抱怨自己得到的太少了。

她没法和其他任何人讨论自己的困境，甚至包括她自己。没有人教过她如何坦诚地观照自己的动机，如何形成自己的判断。她只得躲在权威的庇荫下，但她所敬仰的权威并不一致，在飞鸟修道院的女院长和我父亲之间很难找到什么共通之处。我也经历过这种理念与理念对立的时期，那是在我的思维形成过程中发生的，并非在形成后。我的童年让我对自己抱有信心，可母亲一点自信都没有。辩论和驳斥的道路——我的道路,对她是封闭的。相反,她人云亦云,最后一个说话的人就是对的。她读过很多书,但尽管她记忆力绝佳,她几乎都忘了——精确的知识和清晰的观点会让她无法做出环境可能强加在她身上的转变。即使在我父亲去世后,她依旧保持了这种审慎的态度。她那时结交的朋友大多也像她那样思考。她站在"开明"的天主教徒一边,反对宗教激进主义者。然而她认识的人在很多观点上都不一样。另一方面,尽管我误入歧途,在很多事情上我的意见还是很重要的,我妹妹和利昂内尔的也是如此。她很怕在我们眼里"看起来像个傻子",所以继续浑浑噩噩,什么都说好,对什么都不吃惊。在她最后的那几年里,她确实在某些观念上和我们达成了一致,但在她的情感生活几近毁于一旦的时候,她没有任何教条、观念、话语来合理化自己的处境。那是使她惶惑不安的根源。

在思想上与自己针锋相对,这常常使人获益颇丰。不过，母亲的问题不一样——她活得与自己针锋相对。她有很多欲望，可她竭尽全力地抑制它们，愤愤不平地忍受它们。还是个孩子时，她就用教条和禁令将自己的身体、心灵、精神紧紧束缚。人们教导她再把自己绑得更紧一点。一个精力充沛、生机勃勃的女人驻扎在她的心里，不过对她来说，这是一个陌生人，畸形而残缺。

Une mort très douce

三

我一起床就给妹妹打了电话。妈妈半夜醒过来了。她知道自己做了手术，看起来却一点也不惊讶。我打了一辆车。同样的路途，同样的蓝色暖秋，同样的医院，不过我步入了另一个故事：不是逐渐康复，而是走向死亡。在此之前，我只是到这里度过一段普普通通的时光。我漠然地穿过门厅。一出出悲剧在一道道紧闭的大门之后上演，对门外的人来说却什么都没有发生。但从此刻开始，这里也有一出戏仅属于我。我一步步走上楼梯，尽可能地快，又尽可能再慢一点。现在门上挂着一个标识：访客止步。布景也变换了。床放在昨天的位置，两边都是空的。糖果放到了碗橱里，书本也是。角落里的大桌子上，再也没有鲜花盛开，取而代之的是各种瓶瓶罐罐、球形烧瓶、试管。妈妈睡着了，鼻子里不再插着管子，看上去也没有那么痛苦。可是，就在她的床底下，你可以看见广口瓶和管子连接着她的胃部和肠脏。她左边的手臂在打点滴。她什么都没有穿——阅读灯照在她的身上，就像一块毯子盖着她的胸部和裸露的肩膀。一个新人走进了这个场景——一个私人护士，勒布隆小姐，如安格尔画中的人物一样美丽。她用一条蓝色的头巾包住头发，脚上穿着白色的棉拖鞋。她照管点滴，摇晃烧瓶以稀释血浆。妹妹告诉我，根据医生的判断，再拖上几个星期甚至几个月也不是不可能。她曾问 B 教授："如果这个病在别的位置复发，我们该怎么和妈妈说呢？""不要担心这个。我们总能找到说辞的。病人总是会信的。"

下午，妈妈睁开了眼睛，她说的话很难让人听清，不过条理是清楚的。"好吧！"我对她说，"你摔断了腿，却做了阑尾炎手术！"她举起一根手指，带着某种自豪，低声地说："不是阑尾炎，是腹——膜——炎。"她又补了一句："真是幸运……在这里。""你很高兴我在这儿？""不，我。"腹膜炎——这家医院救了她！背叛开始了。"很高兴不用插管子了。真高兴！"前一天把肿胀的腹部里的污秽物排出后，她就不疼了。两个女儿陪伴床前，她相信自己是安全的。P医生和N医生进来的时候，她高兴地对他们说："我没有被抛弃。"接着又闭上了眼睛。他们交头接耳："她清醒得好快，真是奇迹。"事实的确如此。多亏了输血和输液，妈妈脸上又恢复了血色，看起来很健康。昨天那个躺在这张床上的可怜虫已经变回了一个女人。

我给妈妈看了尚塔尔带来的填字游戏书。她对护士说："我有一本《拉鲁斯大词典》，新版的，是我给自己买的，为了玩填字游戏。"那部词典是她最后的乐趣。买之前她就跟我说了很久了，我每次查阅她都一脸兴奋。"我们会把它给你带来。"我说。"好啊。还有《新俄狄浦斯王》，我还没有看完……"你必须专心致志，才能捕捉到她费力吐出的字句。这些话语具有神秘性，如同神谕一样扰乱人心。她的记忆、她的欲望、她的焦虑飘浮于时间之外的某个地方，她用孩子气的语调，还有迫近死亡的气息，使之转变为虚幻而悲惨的梦境。

她睡得很久，时不时通过管子吸进几滴水。护士在她嘴下用纸巾接住她吐的口水。晚上她开始咳嗽，洛朗小姐来看她，扶着她坐直，给她做了按摩，帮她把痰液咳出来。做完这一切之后，妈妈看着她，报以真诚的微笑——这是四天以来妈妈第一次露出笑容。

普佩特决定晚上在医院陪护。"爸爸和奶奶去世时你陪在他们身边，而我在外地，"她对我说，"现在我来照顾妈妈，而且我也想陪着她。"我同意了，妈妈却很惊奇："你睡在这里做什么？""利昂内尔动手术时我也睡在他的房间。我已经习惯了。""噢！好吧！"

我回家了，因为流感发起烧来。医院太热，出去之后，秋天的湿气让我感冒了。我上床睡了，吃了一堆药。我没有关掉电话。妈妈随时都可能离开，"油尽灯枯了。"医生们说，而妹妹也会打给我。凌晨四点，我被电话铃声惊醒。"结束了。"我拿起话筒，听到的却是一个陌生的声音：电话打错了。破晓之前，我都难以再次入眠。八点半，电话铃又响了：我跑去接——一件毫不重要的事。我讨厌这个灵车般漆黑的电话："你的母亲得了癌症。你的母亲挺不过这个晚上。"总有一天，这句话会在我的耳边炸响："结束了。"

我穿过花园，走进大厅，好像是在机场里——小茶几，时髦的单人沙发，人们互相亲吻说着"你好"或者"再见"，另一些人在等待，大包小包，花瓶里的鲜花,用亮闪闪的包装纸包好的花束,仿佛是为了欢迎着陆的旅客……然而在这些低言细语和表情之中却有某种很不一样的感觉。有时一个穿白色衣服的人远远出现在某个敞开的门前,鞋子上有血迹。我上了一层楼,左边有一条长长的走廊,连通着病房、护士室和值班室;右边是一个方形的大厅,放着长凳和一张桌子,桌上有一部白色的电话。大厅一头通向候诊室,另一头连着114号房间。访客止步。房门后面有条短短的过道:左边是盥洗室,里面有便盆、"腰子盘"[1]、药棉、瓶瓶罐罐;右边是一个柜子,里面装着妈妈的东西;衣架上是那件红色的睡衣,灰尘密布。"我再也不想看到那件睡衣了。"我推开第二道门。我之前从这里走过时从未注意到它。现在我明白它将永远地成为我生活的一部分了。

"我感觉很好,"妈妈说,并狡黠地补充道,"昨

---

[1] 一种医用托盘。

天医生们相互交谈，被我听到了。他们说，'这太神奇了！'"这句话使她很高兴，她时常复述，郑重其事，仿佛这是一道能保证她早日康复的咒语。然而她仍感到非常虚弱，她最大的心愿就是什么都不用做，梦想下半辈子就靠打点滴进食了："我再也不会吃东西了。""什么，你以前是那么贪吃的人？""不，我以后再也不吃东西了。"勒布隆小姐带着发刷和梳子来为她打理头发。"全都剪掉。"妈妈坚定地下着指令。我们表示抗议。"你们要累死我了：剪掉，剪吧。"她顽固地坚持着，仿佛能通过这种牺牲获得长久的休息。勒布隆小姐轻轻地解开她的辫子，把她的头发理顺了，重新结好辫子，将那些银丝盘在妈妈的头上。妈妈脸色舒展，回归一种纯洁的状态，使人惊叹不已。这使我想起了列奥纳多·达·芬奇笔下的美丽的老妇，"你美得就像列奥纳多·达·芬奇的画。"我说。她微微一笑："我过去还不赖。"她用一种神秘兮兮的语气对护士说："我以前的头发很漂亮，我用束发带把它们缠在头上。"然后她继续说自己的事，比如她是怎么拿到图书管理员的资格证，她如何喜爱图书。勒布隆小姐一边应着，一边调制着一种溶剂。她对我解释说这种液体看起来很清澈，其实富含葡萄糖和多种盐分。"好一杯鸡尾酒。"我说。

整整一天，我们都在向妈妈陈述各种计划，都快把她绕晕了。她闭着眼，仔细听着。妹妹跟她丈夫最近在阿尔萨斯买了一座古老的农场，他们正准备好好地修整一番。妈妈可以享用一个超大的房间，完全是独立的，她可以在那里休养康复。"可如果我待得太久，利昂内尔会不会烦啊？""当然不会。""当然，我不会妨碍你的。夏赫伯根太小了，我成了一个碍手碍脚的人。"我们讲起了梅里尼亚克。妈妈回忆起了她年轻时在那里的时光。好多年来，她都会兴奋地对我说起那里的改变。她非常喜欢让娜。让娜的三个女儿都住在巴黎，也经常来医院看她——都是漂亮、青春、让人愉快的女孩子。"我没有孙女，她们也没有祖母。"她对勒布隆小姐解释道,"所以我就是她们的祖母了。"她打盹儿的时候我看了会儿报纸。她睁开眼睛问我:"西贡发生了什么事吗?"我跟她讲了讲新闻。有一次,她用一种开玩笑的口气责备道:"你们给我做手术还不告诉我!"P医生进来的时候她就说:"这就是那个刽子手!"不过是笑着说的。他陪着她待了一会儿,然后回应道:"现在知道也不晚呢!"她不怎么严肃地接了一句:"对。我已经知道我得了腹膜炎。"我笑道:"你真的挺特别的,进来的时候是补股骨的,他们却给你做了腹膜炎手术!""真是这样。我可不是什么普普通通的女人!"这个错误让她乐了好几天。"我好好地耍了B教授一番。他以为他要在我腿上动刀子,实际却是P医生给我做了腹膜炎手术。"

那天,让我们深受触动的,是她能注意到非常细小的快乐,仿佛在七十八岁的时候,她又一次感受到存在的奇迹。护士帮她安放枕头的时候,金属管碰到了她的大腿——"好凉快！好舒服！"她呼吸着古龙香水和滑石粉的气味——"真好闻。"她的活动小桌板上放着花束和植物。"这种小红玫瑰来自梅里尼亚克。梅里尼亚克的玫瑰还开着。"她要求我们把窗帘撩起，这样她就能看到窗外树上金黄的叶子。"好美。在我公寓里就看不到这些！"她微笑着说。我和妹妹有一个共同的感觉：这微笑就是童年时让我们心驰神往的那个，它来自一个容光焕发的年轻女人。但在彼时与此刻之间，在如此漫长的岁月里，它都到哪里去了呢？

"如果她还能有几个这么快乐的时日，延续她的生命还是值得的。"普佩特对我说。然而，这会付出什么样的代价呢？

"这是一间死屋。"第二天我这么想。沉重的蓝色窗帘掩住了窗户。（百叶窗坏了，拉不下来，不过光线并没有让妈妈感到难受。）她躺在黑暗中，眼睛闭着。我握住她的手，她轻轻道："这是西蒙娜，但我看不到你!"普佩特走了,我打开了一本侦探小说。妈妈时不时地叹气,"我脑子不对劲。"她对P医生抱怨说:"我昏迷了。""如果你昏迷了,自己是不会知道的。"这个回答宽慰了她。过了一会儿,她若有所思地对我说:"我动了一个大手术。我是一个挺过了大手术的女人。"我做了夸张的表情,她也渐渐恢复了精神。此前的晚上,她告诉我,她做梦的时候眼睛还睁着:"房间里有很多男人,身着蓝衣的坏人。他们想把我带走,还强迫我喝鸡尾酒。你妹妹把他们赶跑了……"我说过鸡尾酒这个词,说的是勒布隆小姐准备的溶剂,她当时戴着一块蓝色的头巾;至于男人,那是把妈妈推到手术室的男护士。"是的,就是这样,毫无疑问……"她让我把窗户打开:"新鲜空气很好。"鸟儿在歌唱,她也心情愉悦:"看那些小鸟!"我走之前她说:"奇怪了,我感觉到一缕黄色的光线照在我的左颊上。是一缕很美的光,透过一张黄色的纸。让人很愉快。"我问P医生:"手术本身成功吗？""如果肠子重新开始蠕动，就说明手术是成功的。大概两三天我们就能知道结果。"

我喜欢 P 医生。他从不装腔作势。他把妈妈当作一个活生生的人来对待，也很耐心地回答我的问题。相反，N 医生和我一点也合不来。他风度翩翩、体格健美、精力充沛、迷恋技术。他热情洋溢地给妈妈做复苏。但对他来说，她首先是一个让人感兴趣的实验对象而不是一个人。他让我们害怕。妈妈有一个年迈的亲戚，过去的六个月一直在昏迷中维持着生命。"我希望你们别让他们那样对我，这太可怕了！"她对我们说。如果 N 医生满脑子里都是要破什么纪录的话，他就会变成一个危险的敌人。

"他把妈妈叫醒，来回折腾她，不过没什么作用。"星期天上午普佩特失落地告诉我："他为什么要折磨她？" N 医生路过的时候我叫住了他：他从不主动和我说话。我再次祈求他："不要折磨她了。"他非常愤怒地回答道："我不是在折磨她，我只是在做应该做的事情。"

蓝色的窗帘拉开了，房间不再那么昏暗。妈妈给自己戴上了墨镜。我进去的时候，她摘了下来。"啊，我今天能看到你了！"她自我感觉很好。她用平静的语气问："告诉我，我的右臂还在不在？""这是什么意思？当然还在啊。""有意思了。昨天他们告诉我，我看起来不错。不过我只是左半边不错，我觉得另一边都灰了。似乎我不再有右半边了——我被分成了两半。现在恢复了一点。"我摸了摸她右边的脸颊："你能感觉到吗？""能，不过就像做梦一样。"我摸了摸她左边的脸颊。"这是真的。"她说。摔断的大腿、手术的伤口、敷料、管子、输液——都是在左边，所以另外半边好像就不再存在了？"你看起来好极了。医生们对你很满意。"我说。"不。N医生并不满意，他想让我给他放个屁。"她自我嘲笑了一番，"出了这个地方之后我应该给他寄一盒夹心巧克力糖[1]。"

充气床垫按摩着她的皮肤，膝盖中间塞着垫子，床单被一个钩子牵着，微微抬起，碰不到皮肤。还有一个装置避免让她的脚跟接触垫子——尽管如此，褥疮还是在她的全身蔓延开来。她的臀部因关节炎麻痹，右臂衰弱无力，左臂连着输液管，整个人一动都不能动。"拉我起来。"她说。我不敢一个人拉。她的裸体不再使我困扰：这已经不是我母亲的身体，只是一具饱受折磨的肉身。然而这个可怕又神秘的东西让我害怕，它不是存在于想象中的，隔着一层纱布我真切地感受着它，担心把它弄伤。那天早上，她又被灌了一次肠，勒布隆小姐需要我帮她一下。我握住那具包裹在潮湿的蓝色皮肤下的骨架，手夹在腋窝下面。我们让妈妈躺在一边，她面露惊恐，

---

[1] 夹心巧克力糖法语为une boîte de crotte en chocolat，其中crotte在口语中意思是(羊、兔、马、狗等的)粪便、污泥。此处有双关意味。

眼珠上翻，哭道："我要掉下去了。"她想起了上次摔倒的经历。我站在她身边，抱着她，安慰她。

我们又把她抱起来，小心翼翼地用枕头支撑着。过了一会儿，她嚷道："我放屁了！"又过了一会儿，她叫："快！便盆！"勒布隆小姐和一个红头发护士想让她坐在便盆上，她叫了出来。看到她裸露的皮肉和金属制品刺眼的微光，我感觉她们让她坐在了刀刃上。两个女人催促她，把她拉来扯去，红头发护士对她很是粗暴。妈妈大声哭喊，身体因为疼痛而紧绷。"啊！放开她吧！"我说。我和护士一起出去了。"没关系，就让她拉在床上吧。""不过这太丢脸了，"勒布隆小姐表示抗议，"是病人难以承受的。""她会湿透的，"红头发护士说，"这对她的褥疮不好。""你可以立刻把它换掉。"我说。我回到妈妈那里。"那个红头发是个坏女人。"她像小女孩一样地抱怨着，又伤心地加了一句，"不过，我并不觉得自己是个娇气的人。""你不是，"我对她说，"你不用为便盆的事儿烦恼。她们会把床单换掉的——这没什么难的。""是啊!"她答道,眉头皱起,神情坚定,仿佛在宣战:"死人的床单才干净。"

这让我大吃一惊。"这太丢脸了。"但妈妈,这个骄傲敏感了一辈子的女人却毫无愧色。这也是一种勇气,这个拘谨的唯灵论者身上保有的直面我们的动物性的勇气。

护士给她换了衣服,擦了身子。现在该给她打一种令人痛苦的注射剂了。我觉得这种注射剂是为了消解尿素的,她自己不能很好地排出尿液。她看上去精疲力竭,勒布隆小姐有点犹豫。"打吧,"妈妈说,"只要对我有好处。"我们再一次把她翻过来;我抱着她,注视着她的脸,那是一种混杂了困惑、勇气、希望与恼怒的神色。"只要这对我有好处。"为了好起来。为了死去。我应该祈求某人原谅我的。

第二天,我知道前一天下午一切顺利。一个男护士接替了勒布隆小姐的班。普佩特对妈妈说:"你运气真好，来了个这么年轻和气的护士。""是啊，"妈妈说，"还是个帅小伙。""你对男人很了解！""哦，不算怎么了解。"妈妈说，语气里有一种怀念的味道。"你后悔了？""喂！喂！我总是对我的侄孙女们说：'孩子们，充分享受你们的人生。'""现在我明白为什么她们那么爱你了。不过你怎么从不和你的女儿们说这样的话？"妈妈突然凝重了起来："对我的女儿们？哦！不！"P医生给妈妈带来一个八十多岁的老奶奶，他第二天要给她做手术，她挺害怕。妈妈安抚她，拿自己的经历举例子。

"他们拿我做广告了。"周一早上，她用开玩笑的语气对我说。她问我："我右半边还在吗？我真的有右半边吧？""当然了，你自己看看。"我妹妹说。妈妈狐疑地盯着镜子，眼神严肃而傲慢："这个人是我吗？""当然了。你可以看到你整个人都在这里。""脸色太差了。""是灯光的缘故。你气色其实很好。"她看起来确实很好。不过她对勒布隆小姐笑的时候说:"啊!这次我用了我的整张嘴对你笑。之前,我只用半张嘴笑。"

这个下午她不再笑了。好多次,她用又惊讶又有一点责备的口气重复道:"我看了镜子里的自己,我怎么这么丑了!"前一天晚上,点滴出了些状况,管子需要被取下,然后再插回静脉。夜班护士笨手笨脚地摸索着,液体在皮下流动,让妈妈很痛。她的胳膊又青又肿,被缠在纱布里。这个东西现在附着在她的右臂:她的静脉过劳,只能承受血清注射,这种血浆让她痛得叫起来。晚上,她无比焦灼:她惧怕夜晚,惧怕那些清醒的时刻,惧怕疼痛。她的脸部紧紧绷着,恳求道:"好好照看点滴!"那天晚上,我看着她的手臂,在其中流动的生命不是其他,而是病痛与折磨。我问自己,为什么?

在医院里,我没有时间深思这些。我要帮妈妈吐痰,喂她喝东西,安放她的枕头或梳理她的辫子,帮她移动大腿,浇花,开关窗子,读报纸,回答她的问题，给她的钟表上发条——那只表就躺在她的胸口，用黑色的丝带系着。她乐于依赖我们，要我们时刻都关注着她。不过当我回到家里，最近这些时日里的所有悲痛和恐惧都一齐涌来，重重地落向我。有一种"癌症"也在侵蚀着我——悔恨。"别让他们给她做手术。"我却一点都没有阻止。以前听说某个病人在忍受长期的酷刑，我会对他们家属的冷漠感到愤愤不平。"如果是我，我宁可杀了他。"可是第一回考验我就妥协了：我被这个社会的伦理道德所击败，不得不放弃自己的意见。"不，"萨特对我说，"你是被技术击败的，而那是致命的。"确实如此。你就像被卷入了一个旋涡，在专家们的诊断、预测、决定面前无能为力。病人成了他们的财产——去，把他们拿下！在那个星期三，我们只剩下两个选择——手术或者安乐死。妈妈顽强地苏醒过来，心脏功能非常强健，她将同肠梗阻展开长期的斗争，并将活在地狱之中，因为医生拒绝对她实施安乐死。我应该早上六点就到那里的。但是即便我在场,我也不敢对N医生说:"让她走吧!"这是我在乞求"不要折磨她了"的时候暗示的意思,但他以一个尽忠职守的人的倨傲斥责了我。他们会对我说:"你可能剥夺了她好多年的生命。"我被迫让步。这种观点并没有给我带来安慰。未来使我恐惧。我十五岁时,我的叔叔莫里斯死于胃癌。有人告诉我,最后的那几天,他在尖叫:"把我干掉。把我的左轮手枪给我。可怜可怜我!"P医生会信守"她不会受罪"的诺言吗?在死亡与酷刑之间开始了一场竞赛。我问我自己,当你所爱的人徒劳地对你大叫"可怜可怜我吧",你怎么办?

死亡最终会胜利,这些令人憎恨的欺骗又有什么意义呢?妈妈以为我们和她站在一起,其实我们早已经走到了她的另一边。无所不知是一种邪恶的才华,我知道牌底的秘密,却留她一个人在远处苦苦挣扎,深陷孤独无助的境地。康复的决心,她的耐心，她的勇气——所有的一切都是骗局。她的苦痛不可能得到任何报偿。我又看到了她的脸："只要这对我有好处。"我绝望地忍受着自己的罪行，无法对之负责，也永远无法赎罪。

妈妈度过了一个平静的夜晚。护士发觉她很焦虑，就一直握着她的手。我们找到了一种让她坐在便盆上又不会伤到她的办法。她又开始进食，不久之后输液也会停止。"今晚！"她乞求道。"今晚或者明天。"N医生说。这种情况，护士还是要继续看护，不过我妹妹会睡在她朋友家里。我向P医生征询意见：萨特明天要坐飞机去布拉格，我能和他一起去吗？"任何事情都可能发生，而且随时都可能发生。不过这种状况也可能持续数月，那你永远也别想走了。布拉格离巴黎只有一个半小时的路程，打电话也很方便。"我给妈妈讲了我的计划。"你当然得去了！我不需要你。"她说。我的出行让她相信自己已经脱离了险境："我之前病得很重了。七十八岁的时候得了腹膜炎！我还在这儿真是运气！万幸他们还没给我的股骨做手术。"她的左臂从绷带里放出来后没那么肿了。她小心翼翼地把手抬到脸部，摸摸自己的鼻子和嘴巴："我觉得我的眼睛在脸颊中间，我的鼻子，弯了，跑到了脸的下边。太奇怪了……"

妈妈没有关注自己的习惯，现在她的身体强迫她关注了。她被这样的重量压得喘不过气，不再飘浮在云端，也不再说什么让我震惊的话了。她之所以提到布西科医院，是在为公共病房的病人们鸣不平。她站在护士们这边，反对剥削他们的管理层。尽管她的病情很重，她也没有改变自己考虑周到的一贯作风。她害怕给勒布隆小姐增加太多的工作量。她又是感激又是抱歉："他们把这么多血都用在我这个老妇人身上，可有很多年轻人也许非常需要它！"她因占用了我太多时间而自责："你有许多事情要做，却在这里待了好几个小时，这让我很懊恼！"她会感到骄傲，但是她也会充满懊悔地说："可怜的宝贝们，我让你们担心了！你们一定吓坏了吧？"她的关切也让我们深受触动。星期四早上，当女佣端来我妹妹的早餐时，妈妈刚从昏迷之中醒过来，但还喃喃道："告……告……""告解神父？""不，果酱[1]。"她记起我妹妹喜欢在早餐的时候吃果酱。她非常关心我新书的销量。勒布隆小姐被房东赶出去时，妈妈同意了我妹妹的建议，让她住到自己的小公寓里——一般妈妈受不了有人趁她不在家的时候进她的房子。她的病痛完全粉碎了她的成见和虚荣：或许是因为她不再需要这些防御了吧？再也没有放弃和牺牲的问题了：她的首要任务就是康复，照顾好自己。由于她能无所顾忌地满足自身的愿望和快乐，她终于从怨恨中获得了解脱。在这弥留之际，她又变得美丽了，笑容回到了她的脸上，透露出内心的宁静和幸福。

---

1 在法语里，神父是confesseur, 果酱是confiture。

我们多少有点惊讶地意识到,她没让周二没见的那个神父再来一次。在她动手术之前,她对玛尔特说:"为我祈祷吧,我亲爱的,因为你知道吗,生病的时候就不能祈祷了。"毫无疑问,康复本身占据了她大量的精力,以至于她不能再承受宗教仪式的疲劳。一天,N医生对她说:"为了您更快地恢复,您一定要好好地跟上帝相处!""噢,我跟他相处得很好。不过我不想这么快就去见他。"从世俗的意义上来说,永生就是死在尘世,然而她拒绝死亡。当然,她的教友们认为是我们违背了她的意志,试图来强行干涉。一天早上,尽管门上写着"访客止步",我妹妹还是在敞开的门前瞥见了神父的常服,她赶紧把他打发走了。"我是阿夫里尔神父,我是作为朋友来的。""我不关心这个,你的穿着会吓坏妈妈的。"星期一,又有人闯进来。"妈妈谁也不见。"我妹妹说,把圣昂热夫人赶到了大厅里。"很好,不过有个很严肃的事情要和您商量,我知道您母亲的信仰……""我也知道，"我妹妹不耐烦地说，"妈妈的脑子还很清楚。如果她想见神父，没有人会拦着她。"周三早上，我启程去布拉格的时候，她仍然没有要求找神父。

Une mort très douce

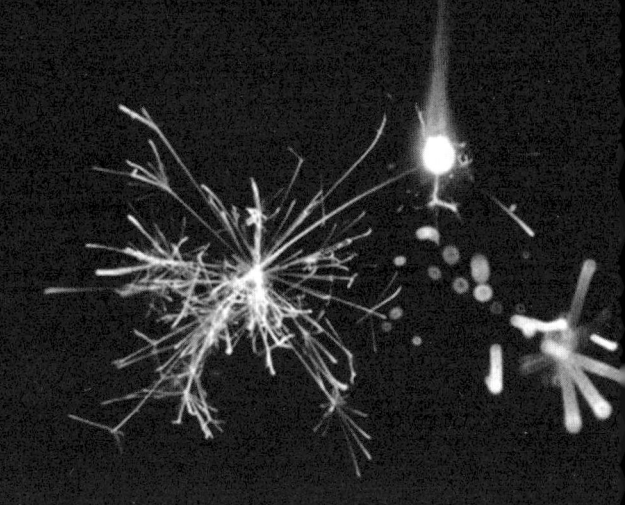

四

下午，我打了一个电话过去。"你还没走！"普佩特说，我这边的声音她听得很清楚。妈妈状态很好。周四也同样。周五的时候她和我说了一会儿话，很开心我从那么远的地方打电话给她。她读了一些书，又玩了填字游戏。周六我没法打电话。周日晚上十一点半，我问到了迪亚多家的电话。当我在房间里等着电话接通时，却接到了电报——"母病重，速归。"弗朗辛告诉我普佩特整晚都待在医院里。过了一会儿，我接通了她的电话。"糟糕的一天，"她告诉我，"我一直握着妈妈的手，她一直求我别让她走。她说：'我再也见不到西蒙娜了。'现在他们给她打了安定，她睡着了。"

我请门房帮我订了一张明早十点半的机票。行程都安排好了。萨特让我等一两天再走——不可能。我并不特别在乎能不能在妈妈去世前见她一面，但一想到她永远也见不到我了就觉得无法忍受。既然记忆注定会消失，为什么如此看重这个时刻？因为不会有任何弥补的机会。于我个人而言，我深深地明白，人在垂死之际是绝对封闭的。

周一下午一点半，我走进了114号房间。妈妈已经知道我回来了，以为我原本的计划就是这样的。她摘下墨镜，朝我微笑。在镇静剂的作用下，她显得很愉悦。她的脸色变得蜡黄，右眼下面一直到鼻子都肿了。不过所有的桌面上都摆放着鲜花。勒布隆小姐走了，因为不用打点滴，妈妈就不再需要私人护士了。我走的那天晚上，勒布隆小姐给她输液，预计要两个小时。妈妈的静脉已经不堪重负，所能承载的血液比血浆还少。打了五分钟她就拼命叫喊。"停下！"

普佩特说。护士却不同意:"N医生会怎么说?""由我来负责。"N医生确实非常生气:"疤痕会愈合得很慢的。"然而他非常清楚地知道,这些伤口并不会愈合。一个瘘管正在形成,通过这个瘘管,肠道开始排淤——正是它阻止了新的堵塞,因为"运输"已经停止了。妈妈能坚持多久?根据种种分析,这是一种极其危险的恶性肉瘤,已经扩散到全身。然而,鉴于她年事已高,其发展的速度可能相当缓慢。

她给我讲述最近的两天是怎么过的。星期六,她开始读一本西姆农[1]写的小说,填字游戏又玩赢了普佩特——她的桌子上放着一堆填字格子纸,都是她从报纸上剪下来的。星期天,她中午吃了些土豆泥,不过胃口不大好(事实上,这是对她造成严重损害的肿瘤转移的开始),她还做了一个很长很长的

---

[1] 乔治·西姆农(Georges Simenon, 1903—1989):比利时小说家,以高产闻名。

噩梦:"我躺在一张蓝色的床单上,床单上面有个大洞。你妹妹正拉着床单,我求她,'别让我掉进洞里……'""我拉着你呢,你不会掉进去的。"普佩特说。普佩特在沙发上坐了一整个晚上,而妈妈,她以前一直都很担心普佩特的睡眠,此时却说:"别睡着了,别让我走。如果我睡着了,把我叫醒。别让我在睡着的时候离开。"普佩特告诉我,在某一个时刻,妈妈闭上眼睛,精疲力竭,她的手紧紧地攥着床单,嘴里哼着:"我要活!我要活!"

为了减少她的痛苦,医生开了一些药,还给她注射了安定。妈妈贪婪地索求这些东西。整整一天,她的心情都非常好。她又开始讲她看到的幻象:"我对面有一些烦人的圈圈。你妹妹看不见。我对她说:'把那个圈盖起来。'她一个圈圈都看不到。"那是装在窗框里的一个小金属板,上面盖着一层百叶窗——后来他们把它修好了。她见了尚塔尔和卡特琳,心满意足地对我们说:"P医生说我很聪明,把事情安排得井井有条。一边从手术中恢复，一边休养股骨。"晚上我建议跟妹妹换班，因为她前一个晚上几乎没合眼。但是妈妈已经习惯她了，觉得她比我更能胜任这件事，因为她之前还照顾过利昂内尔。

星期二的白天顺利度过。晚上，妈妈开始做噩梦。"他们把我关进了一个箱子，"她对我妹妹说，"我在这里，不过是在箱子里。我是我自己，不过不再是我自己了。有人把箱子搬走了！"她奋力挣扎，"别让他们把我搬走啊！"普佩特一直把手放在妈妈的额头上："我向你保证，他们绝对不会把你关在箱子里的。"普佩特又要了更多剂量的安定，妈妈最终从幻觉中走了出来，问她："这些都是什么意思呢？这个箱子，还有这些人？""那是你对上次手术的记忆：给你抬着担架的男护士们。"妈妈睡着了。不过，早上她的眼睛里又出现了无助的小兽般的悲伤。护士给她铺床，又用导尿管帮她排尿，她被弄得很痛，不住呻吟，用虚弱的声音问我："你觉得我能熬过来吗？"我责怪了她。她胆怯地询问 N 医生："你对我感到满意吗？"他回答说满意，毫无底气，不过她还是紧紧抓住了这只救生圈。她总是能找到很好的理由去解释为什么自己感到筋疲力尽。比如可能是因为脱水了，土豆泥太咸了。那天，她责怪护士只给她包扎了三条绷带，前一天还是四条。"晚上的时候，N 医生发了大火，"她说，"他把他们臭骂了一顿！"她用一种很是满意的口吻重复了很多次"他发了大火"。因为神经抽搐，她的面容不再好看，声音里又开始充满恨意，非常挑剔。

"我太累了。"她叹息道。下午，她同意见玛尔特的弟弟，一个年轻的耶稣会信徒。

"你想我把他打发走吗？"

"不用，你妹妹会很高兴见他。他们可以聊聊神学。我会把我的眼睛闭上，我不需要讲话。"

她没有吃午饭，而是睡着了，头向前耷拉着。普佩特打开门的时候，以为一切都结束了。夏尔·科多尼耶只待了五分钟,谈起了他父亲经常邀请妈妈参加每周的午餐会。"我真的很期待你能在某个周四再次出现在拉斯帕伊大街。"

她看着他,一副不信任的样子,好像很痛苦。"你觉得我会再去那里吗?"

我从未见过她如此不幸的表情。那天,她猜到自己已经没有希望了。我们都知道她时日无多,所以普佩特来的时候我还没走。

"这么说我的情况恶化了,你们俩都在这里。"她嘟囔道。

"我们一直在这儿啊。"

"但不会同时都在这儿。"

我又一次假装十分生气:"我之所以在这里是因为你的心情很糟糕。不过如果这让你感到不高兴,那我就走。"

"哦,不。"她尴尬地对我说。

我不公正的粗暴态度也让我自己很痛苦。那时,真相对她的打击很大，她需要不断讲话来逃离。我们却责备她，要她保持安静。我们强迫她不要焦虑，不要怀疑，她既感到愧疚，又觉得受到了误解，这样的情况在她的人生中频繁发生。但我们别无选择，她最需要的是希望。尚塔尔和卡特琳被她的样子吓坏了，打电话回利穆赞，让她们的妈妈回来。

普佩特累坏了。"我今晚睡在这里。"我做了个决定。妈妈看上去很不安。"你安排得过来吗？如果我做了噩梦，你知道怎么把手放在我的额头上吗？""我当然知道了。"她认真想了一会儿，然后凝神看着我："你吓着我了，真的。"妈妈有点怕我，因为她把我当知识分子，给予我对知识分子的敬重，但她绝不这么对待她的小女儿。这是相互的：在我很小的时候，她的过分拘谨也让我感到寒心。童年的我是一个坦率的小女孩，然后我看到了成年人是如何生活的，他们每个人都封闭在自己小小的围墙里，有时候妈妈会在墙上挖一个洞，不过很快又堵上了。"她把悄悄话告诉我。"妈妈小声地说，很是骄傲。有时会从外面发现裂痕："她很封闭，什么也不告诉我。不过事情似乎是这样的……"忏悔和流言蜚语中有一些鬼鬼祟祟的东西，让我感到厌恶，我希望我的堡垒坚不可摧。我格外努力地不告诉妈妈任何事情，既担心让她痛苦，也惧怕她窥视我的生活。很快，她就不再敢尝试问我问题了。我们对我失去信仰这件事的简单解释让我们都付出了巨大的代价。看到她哭泣的样子我非常伤心，不过我很快就意识到，她是在为自己的失败而流泪，并不在乎我内心所发生的一切。她用恐怖来激怒我，而非与我做朋友。如果她不是让别人为我的灵魂祈祷，而是给予我一些信任和同情，我们之间应该还是能和解的。我现在明白了，是什么阻止她这样去做：她有太多的恨意，有太多的伤口，无法设身处地替他人着想。她确实做出了牺牲，但是她的激情并没有让她走出自身。另外，如果她竭力避免深究自己的内心，她又怎么能尝试着理解我呢？要发现一种避免使我们生分的态度吧，她的生活又不具备。意料之外的事情会使她陷入恐慌，因为她从来就没有学会在既定的框架外思考、行动和感受。

我们之间的沉默变得难以打破。在《女宾》出版以前，她对我的生活几乎一无所知。她试图说服自己，至少从道德层面来说，我还是"循规蹈矩"的。公众的流言摧毁了她的幻觉，不过在那个特殊阶段，我们之间的关系也改变了。她在经济上依赖我，每一个实际决定都要征询我的意见。我成了家里的顶梁柱，可以说成了她的"儿子"，确实如此。还有一个原因是，我成了一个著名作家。这些情况多多少少为我离经叛道的生活找到了借口，事情被弱化到一个微不足道的点上：自由关系，没有合法婚姻那么虔诚。她常常震惊于我书中的描写，但也会因为这些书的成功而面上有光。不过，通过给予我她所谓的权威，她的病态也加重了。于我而言，避开所有的争论都是徒劳的,或许正因为我回避了,她感到我正在评价她。普佩特,这个"小宝贝"并没有受到我那样的尊敬,在妈妈眼中并不突出,也没有继承她的顽固,她们的关系就更自在一些。我的回忆录《端方淑女》出版之后,普佩特给了她所有可能的安慰。而我只送了一束鲜花,并做了简短的道歉——这个举动让她既感动又惊讶。有一天她告诉我:"父母并不理解他们的孩子,但这是相互的……"我们谈了那些相互之间的不理解,不过也只是泛泛而谈。而且从那以后,我们再也没有聊过这个问题。我敲门,听见一些轻微的哼唧声,她拖着拖鞋在地板上走过的声音,另一声叹息,我对自己保证,这一次我可以找到共通的话题。可才过了五分钟,游戏就输掉了:我们之间的共同兴趣实在是太少了!我翻了翻她的书,没有一本跟我的一样。我让她说话,自己倾听和评论。不过,因为她是我的母亲,她使人不悦的话比别人说出来更让我烦恼。

我像我二十岁时那样严苛,那时候她(以她固有的笨拙)试着继续维持一种亲密的关系:"我知道你认为我不聪明,不过你的活力仍然来自我。这样一想我还是很开心的。"我本应该开心地承认我的活力是来源于她,但她说的话让我心寒,所以我们彼此都让对方不满意。当她紧紧地盯着我说"你吓到我了"的时候,这就是她的全部意思。

我穿上了妹妹的睡衣,躺在妈妈床边的沙发上——同她一样,我也忧虑重重。妈妈把百叶窗拉下来了,随着夜幕降临,房间变得昏暗凄凉,只有一盏床头灯亮着。我觉得这种昏暗的气氛加重了死亡的神秘味道。其实,那晚我睡得很香,后来的三天也是如此,比在家里睡得好,因为不用担心电话铃会响:我就在那里,什么都不想。

妈妈没有做噩梦。第一晚她常常醒来要水喝;第二晚,她的尾椎骨很痛,库尔诺小姐让她朝右侧躺着,但她的胳膊饱受折磨。于是他们把她放到一个圆形的橡胶垫上以缓解疼痛,不过这样做也可能伤及她臀部的皮肤,那里非常脆弱,已经青了。星期五和星期六她睡得都非常好。感谢安定,星期四以后她又恢复了信心。她不再问:"你觉得我能熬过来吗?"而是问:"你觉得我能恢复正常的生活吗?""啊,今天我可以看到你了!"她高兴地对我说,"昨天我完全看不到你。"第二天,让娜从利穆赞来了,发现妈妈的状况没有她想的那么糟糕。她们一起聊了将近一个小时。当她周六早上又和尚塔尔一起过来的时候,妈妈愉快地对她们说:"唔,我的葬礼又不在明天!我会长命百岁——直到他们不得不把我拉下去。"P医生很困惑。"我们实在无法预测她的情况:她充满了活力。"我把他的后半句话告诉了妈妈。"是啊,我精力充沛。"她高兴地说。她也有点惊讶:她的肠道先前已经停止运作,可医生们看起来一点都不着急。"重要的是它们已经开始工作,这说明它们还没有完全罢工。医生们现在挺高兴。""他们高兴是最重要的。"

周六晚上，我们在睡前聊了一会儿。"非常奇怪啊，"她说的话像做梦一样，"当我想到勒布隆小姐，我会看见她出现在我的公寓里，变成了一个浮肿的傀儡玩偶，没有胳膊，就像在干洗店看到的那些东西。P医生变成了一卷黑色的纸，贴在我的胃部。看到他在我的皮肤和骨头上，真的好奇怪。"我对她说："你看，你已经习惯我了。我不再吓到你了吧？""当然不会。""可是你之前说我吓到你了。""我说了吗？那是胡说八道吧！"

我也习惯了这种生活方式。我每天晚上八点到那里，普佩特告诉我白天的情况。N医生会过来一下。库尔诺小姐出现，她给妈妈换衣服的时候我就去大厅里看书。一天中有四次，一个满载绷带、纱布、麻线、棉花、橡皮膏、铁罐、盆、剪刀的小桌子会被推到病房里来。推车走的时候，我会故意看向外面。库尔诺小姐和一个她认识的护士帮妈妈洗澡，然后安排她休息。我躺到床上。她会给妈妈打上好几针，然后出去喝咖啡，那时候我会在床头灯下读书。她回来后，就坐在门边，门留个缝，微弱的光从走廊透过来，她借着光读书或者织毛线。电动床垫发出微微振动的声音。我就此入眠。早上七点是起床的时间。包扎伤口的时候我把脸转过去，对着墙。我运气很好，感冒了，鼻子堵住了。普佩特很受不了那个味道，而我除了我在妈妈的额头和脸颊上拍的古龙水之外什么也闻不到。这个古龙水甜得发腻，让我恶心——我再也不会用这个牌子的香水了。

库尔诺小姐走后，我就开始梳洗，吃早饭。我给妈妈吃一种白色的药片，她说这个很难吃，不过可以帮助消化。然后，我一勺一勺地喂她喝茶，茶里搓了一些碎饼干。女仆过来打扫除尘。我浇花，把它们摆放整齐。电话经常响起，我跑到大厅里去接。我会把身后的门关上，因为我不确定妈妈能不能听见,所以说话很小心。我告诉她:"雷蒙夫人问我你的股骨怎么样了。"她哈哈大笑:"他们什么都不知道。"护士经常来叫我,因为妈妈的亲戚朋友们要来看望她。她一般不太有精力见他们,但会很开心他们在关心她。包扎换药的时候我会出去,然后我服侍她吃午饭——她嚼不动了,只能吃一些蔬菜泥、稀粥、剁碎的精肉、炖烂的水果、奶油蛋羹——她强迫自己把盘子里的东西吃光:"我必须把自己喂饱。"每餐之间,她还会小口啜饮一种混合鲜果汁:"这里面富含维生素,对我很好。"普佩特两点钟过来。妈妈说:"我很喜欢这个日程安排。"有天她不无遗憾地对我们说:"多傻啊!第一次你们俩都陪在我身边,我却生病了!"

我比之前在布拉格的时候更镇定了。母亲只剩下了一口气。世界变得只有她的房间那么小。当我坐出租车穿过巴黎街头,我之所见无非是一群临时演员在舞台上走来走去。我真正的生活是在她的身边，我只剩下一个目标——保护她。晚上，最细微的声音——库尔诺小姐翻报纸窸窸窣窣的声音，电动机的咕噜声对我来说也很响。白天我只穿着袜子走动。楼梯和天花板上来来去去的声响吵得我心烦意乱。上午十一点到中午，摆满了叮当作响的金属托盘、罐头和碗的滚轮桌被推到走廊里，这些声音都让我感到可耻。每当一个缺心眼的护士把正在打盹儿的妈妈吵醒，问她第二天想吃什么——炒兔肉还是烤鸡的时候，我非常愤怒。然后到了午餐时间，吃的又是让人倒胃口的碎肉菜，而不是说好的东西。我和妈妈有着共同的倾向：我们都对库尔诺小姐、洛朗小姐还有叫马丁和帕朗的姑娘深表同情。我们都觉得贡特朗夫人话太多了："她跟我说她请了一个下午的假给她女儿买鞋子，这对我有什么意义？"

我们不再喜欢这家医院。那些保持微笑、勤勤恳恳的护士被工作压得喘不过气来，报酬很低，待遇也很差。库尔诺小姐自己带咖啡来喝，除了热水，医院什么都不提供给她。夜班护士没有地方洗澡，熬了一个晚上连个可以洗漱一下的洗手间都没有。库尔诺小姐有天非常难过地告诉我们她和护士长的冲突。某个早上护士长批评她穿棕色的鞋子："不能穿带跟的鞋子。而且鞋必须是白色的。"库尔诺小姐看起来筋疲力尽。"别一大早就一副没精打采的样子！"护士长叫道。接下来的两天里，妈妈愤怒地把那句话重复了一遍又一遍。她很高兴能力挺某一方。有天晚上，库尔诺小姐的朋友哭着来到房里，因为她的病人不和她说话了。这些女孩的职业让她们离悲剧很近，不过这并不代表她们能自如地应对个人生活中的小冲突。

"我觉得自己也变成老人了。"普佩特说。我呢，无动于衷地忍受着愚蠢的对话和老套的玩笑："你好好耍了 B 教授一把！""你戴着墨镜的样子就像葛丽泰·嘉宝！"不过话在我嘴里变了味。我有种无论到哪里都在演戏的感觉。当我和一个老朋友聊她快搬家的事情，我充满激情的话语显得特别虚伪。当我诚恳地对一个餐馆经理说"特别好"的时候，我意识到自己说了一个圆滑的谎。在其他时候，似乎是外部世界在演戏。我把一家旅馆看作了医院，把旅馆服务员当作了护士，对餐馆女招待也是如此——她们在让我接受饮食治疗。我用新的眼光看待每一个人，对隐藏在他们衣服下面的复杂的管道系统感到着迷。有时我自己也会变成一个升降泵，或一串囊肿和内脏。

普佩特很紧张。我的血压升高，满脸通红。尤其让我们感到痛苦的，是妈妈在死亡边缘的挣扎、恢复，我们自己又矛盾重重。在这场病痛和死亡的角逐中，我们热切地希望死亡是先到来的那一个。妈妈睡觉的时候，脸上没有一点生气，我们会焦灼地盯着那件白色的睡衣，捕捉她系着怀表的黑色丝带上所传来的微弱的动静，对最后一次痉挛的恐惧让我们紧张不安。

星期天下午我离开的时候,她看上去还挺好的。星期一早上她瘦骨嶙峋的样子使我恐惧。事情已经很明显了,在她的皮肤和骨头之间,那些神秘的东西正在一大群一大群地吞噬着她的细胞。晚上十点钟,普佩特悄悄递给护士一张纸:"我应该打电话给我姐姐吗?"护士摇了摇头,妈妈的心脏情况比较稳定。但是新的不幸又来了。贡特朗夫人给我看了妈妈的右半边,打进去的吊水从她皮肤上的破口处淌了出来,床单都浸湿了。她尿不出来了,身体肿胀。她看了看自己的双手,茫然地动了动浮肿的手指。"这是因为你一直都静止不动。"我告诉她。

打了安定和吗啡之后,她感到很疲惫,但她坦然以对:"有一天我觉得我已经好了,但你妹妹说我之后还会觉得累的。所以我知道这样是正常的。"她与圣昂热夫人见了一会儿,告诉她:"我现在非常好!"她一笑,牙床就露出来了,那已经是骷髅般令人毛骨悚然的笑容了。与此同时,她的眼睛里闪烁着几分天真的狂热。吃过东西后她有些不舒服。我一遍遍呼叫护士。我的愿望实现了。她奄奄一息，而我惊慌失措。吃了一片药后，她醒了过来。

夜里，我想象着她死了，心潮起伏。"局部有所好转。"早上，普佩特告诉我，我一直很沮丧。妈妈的状况非常好，还读了几页西姆农的书，但晚上她又痛得很厉害："我浑身都痛！"他们给她注射了吗啡。到了白天，她睁开了眼睛，失神而呆滞。我想："这就是最后的时刻了。"她又睡着了。我问N医生："一切都结束了吗？""噢，不！"他半是遗憾，半是得意地说，"她恢复得可好了。"这么说，她要被疼痛折磨至死吗？"把我干掉。把我的左轮手枪给我。可怜可怜我。"她说："我浑身都痛。"她肿胀的手指不安地移动着，信心逐渐消逝。"这些医生开始让我生气了。他们总是告诉我说我在好起来，我却觉得我的身体更糟了。"

我越来越喜欢这个垂死的老女人了。当我们在黑暗中交谈，我觉得自己过往的不快得到了缓解：我在重续青春期时被打断的对话，我们之间的分歧和相似妨碍了我们再将它拾起。往日的柔情我以为已完全消失，现在却复活了，因为它已经变成了简单的言语和行为。

我看着她。她就在那里，在场，清醒，却对自己所经历的一切一无所知。不知道身体里发生的什么是正常的。然而对她来说，身体的外部也无法知晓——受伤的腹部，瘘管，从中流出的污物。她皮肤发青，液体从伤口中渗出，她无法用她几近麻痹的双手摸索自己的身体。他们给她治疗和包扎伤口时，她的头只得后仰。她没有再要过镜子：她垂死的面庞不再为她而存在。她休息、做梦，远离她腐败的肉身，耳朵里充满了我们的谎言。她整个人充满激情地专注于一个希望：康复。我想避免毫无意义的痛苦："你不必吃这种药。""还是吃了比较好。"然后她一口吞下了这种灰乎乎的液体。她觉得吞咽困难。"别强迫自己吃,这么多够了,别再吃了。""你这么想吗?"她看着盘子,犹豫不决:"再给我一点吧。"最后,我偷偷把盘子拿走了。"你都吃干净啦。"我告诉她。她强迫自己下午吞一些酸奶,还经常要求喝果汁。她一点一点、慢慢地移动胳膊,小心翼翼地把手抬起来,握成杯状,摸索着抓住我拿着的玻璃杯子,通过小吸管,吸取其中有益的维生素,如同一个食尸鬼用嘴巴贪婪地吮吸生命。

消瘦的脸庞使她的眼睛显得很大。她把眼睛张得大大的,一动不动。她竭尽全力地从地狱里挣脱,浮出光线昏暗的湖。她聚精会神,目不转睛地盯着我——就像她才学会看东西似的。"我看到你了!"每次她都赢了黑暗。通过目光,她紧紧地抓住了世界,指甲死命地揪住床单,好让自己不被吞没。"我要活!我要活!"

那个星期三的夜晚,我坐出租车离开医院时,感到很孤独。我对路过的时尚街区了如指掌:兰蔻、侯比甘、爱马仕、浪凡。红灯常常会让我在皮尔·卡丹的门口停下，看到里面的毡帽、背心、绸巾、鞋子、靴子——是多么优雅，又是多么可笑。再往前去就能看见一些漂亮的毛绒睡衣，色彩很柔和。我思忖："我要给她买一件，换掉那件红睡袍。"香水、皮草、内衣、珠宝——一个骄傲奢侈的世界，死亡在这里并无立足之地。然而它就在那里，暗藏在这栋建筑之后，在诊所、医院、病房的灰色秘密之中。于我而言，这就是唯一的真理。

星期四，一如往常，妈妈的脸色让我害怕。相比昨天，她的模样又衰败了些。不过她还可以看见东西。她打量着我："你的头发是棕色的。""是，你一直知道啊。""你和你妹妹都有一大绺白发，所以我可以抓住，不会摔倒。"她动了动手指："它们消肿了，是不是？"然后又睡过去了。过了一会儿她醒了，告诉我："每当我看到一个白色的大袖口，我就知道我要醒过来了。我睡觉的时候，穿着衬裙。"

她产生了什么样的幻觉，什么样的记忆？她的生活是向外部世界开放的，看到她突然迷失于自身，我感到很害怕。她再也不喜欢东拉西扯了。那天她的一个朋友，沃捷小姐，给她讲了一个清洁女工的八卦，讲得活灵活现。我很快就把她打发走了，因为妈妈都把眼睛闭起来了。我回来之后，妈妈说："不应该对生病的人讲这类故事，他们不会感兴趣。"

那晚我待在她旁边。她害怕疼痛，也害怕做噩梦。N医生进来之后，她求他："给我打一针（吗啡），尽量多打点。"她还模仿护士插针头的那个动作。"哈哈，你要变成瘾君子了！"N医生用一种开玩笑的语气说道，"我可以给你提供大量的吗啡，以很便宜的价格。"他收起表情，以严厉的口吻说，"一个自重的医生在两个方面不会妥协：毒品和堕胎。"

星期五过得波澜不惊。星期六，妈妈睡了一整天。"太好了，"普佩特对她说，"你休息得很好。""我今天没有活好。"妈妈叹了一口气。

对于一个如此热爱生活的人来说，死亡，真是一项艰巨的任务。"她还能拖两三个月。"那晚，医生告诉我们。所以我们可以好好规划一下，妈妈得习惯好几个小时见不到我们了。我妹夫前一天来了巴黎，所以我妹妹决定那晚让妈妈单独和库尔诺小姐待在一起，她第二天早上过来。玛尔特下午两点半来，而我要到下午五点钟再来。

五点的时候，我推开了门。窗帘放下来了，房间里黑乎乎的。玛尔特握着她的手，妈妈朝右边侧卧着，看上去很可怜，一副很疲倦的样子。她左边屁股上的褥疮全都破了，像这么躺着会舒服点，但这个姿势也很累。她等普佩特和利昂内尔一直到十一点，很痛苦的等待，因为护士忘记把呼叫铃的线钉扣在她床单上了，她够不到按钮，也就没法呼叫任何人。她的好友塔迪厄夫人来看过她，但妈妈还是对我妹妹说："你把我留给了一群畜生。"（她讨厌星期天的护士们）后来她恢复了点精神，逗利昂内尔说:"你希望赶紧摆脱你的丈母娘吧?喂!现在还不是时候。"午饭之后,她单独待了一个小时,折磨人的焦虑感又向她袭来。她急躁地对我说:"别让我一个人待着,我还很虚弱。我不能被丢给那些畜生!""我们不会再把你丢下了。"

玛尔特走了。妈妈打了个盹儿,又惊醒了——她右边的屁股疼。贡特朗夫人帮她换了个姿势。妈妈还在抱怨,我想再按一次铃。"没用的。来的还会是贡特朗夫人。她不懂的。"妈妈的痛苦并不是凭空想象出来的,而是由确切的器官上的病变引起的。不过,帕朗小姐或者马丁小姐的抚慰能让她的痛楚得到一定程度的缓解,而贡特朗夫人做同样的事情却不会使她感到更加轻松。但不管怎样,她又睡着了。六点半,她喝了几口汤,吃了一点奶油蛋羹,心情还不错。她后来又突然大叫了起来,因为左边的屁股火辣辣地痛。这一点也不奇怪。她赤裸的身躯浸泡在尿酸中,那是从她的皮肤里渗出来的,护士给她换吸水被单时都被灼伤了手指。我惊慌失措，一遍又一遍地按铃。那段时间太难熬了！我握着妈妈的手，抚摸她的额头，滔滔不绝地说话："他们会给你打针的，你就不会疼了。就等一分钟。只要一分钟。"她紧张至极，几乎要大叫出来，不断喃喃呻吟道："它烧得好疼，好可怕，我受不了了。我没法忍受了。"然后，她又抽抽搭搭地说："我太惨了。"孩子般的声音让我心酸。她是多么孤独啊！我触摸她，与她交谈，却不能分担她的痛苦。她心脏狂跳，眼睛上翻，我想："她要死了。"她呢喃："我要晕过去了。"最后，贡特朗夫人给她打了一针吗啡。没有用。我又按铃。我特别害怕这种疼痛会在早上发作，那个时间段没有人陪在妈妈身边，她也没法叫人——不能离开她一分钟。这次护士给她打了安定，换了吸水床单，在她的伤口上抹了药膏，抹完她们手上都闪烁着金属的光泽。灼痛消失了，虽然它只持续了十五分钟，却像永恒般漫长。她尖叫了几个小时。"这太傻了,"妈妈说,"这太傻了。"是啊,傻得让人流泪。我再也不能理解那些医生,甚至也不能理解我妹妹和我自己。世界上没有任何理由能为那些毫无意义的折磨辩护。

星期一上午,我和普佩特在电话里聊了一会儿:死亡在迫近。浮肿没有消退,腹部伤口无法愈合。医生告诉护士,现在唯一能做的就是给她注射镇静剂了。

下午两点,我发现妹妹站在114号房间外面,有点失控。她对马丁小姐说:"别让妈妈像昨天那样受苦。""可是夫人,如果我们现在仅仅因为褥疮就给她打很多止痛药,如果她再像昨天那样痛起来,吗啡就不灵了。"在我们的询问下,她解释说,一般来说,在类似的情况中,病人会死于极度的疼痛。可怜可怜我。干掉我吧。所以P医生撒谎了?找一把左轮手枪,杀死她,勒死她。浪漫主义的空想。但我也无法想象要听妈妈惨叫好几个小时。"我们去和 P 医生谈谈。"他来了，我们抓住他："你答应不让她受苦的。""她不会受苦的。"他说如果我们想不惜代价地延长她的生命，就会再折磨她一个星期，就需要再做一次手术，还会进行输血和复苏注射。是啊。早上甚至连 N 医生都对普佩特说："只要有一线生机，我们就会付出全部努力。但如果现在还去试着延长她的生命就无异于虐待了。"不过，这种放弃对我们而言还远远不够。我们问 P 医生："吗啡可以缓解这么大的痛苦吗？""她会得到她所需要的剂量。"

他说得很肯定，这给了我们很大的信心。我们逐渐平静下来。他走到妈妈的病房，给她重新包扎。"她睡了。"我们告诉他。"她不会知道我在这儿的。"确实，他走的时候，她还在睡着。想到她前一天的遭遇，我对普佩特说："我们不能让她在醒过来的时候发现自己孤单一人。"妹妹打开门，突然又转向我，面色煞白。她瘫倒在长凳上，哭哭啼啼地说：

"我看到她的肚子了!"我去给她找了一些安定。P医生回来的时候,她向他说:"我看到她的肚子了!太可怕了!""不,这挺正常的。"他有点尴尬地回答道。普佩特对我说:"她在活活腐烂。"我无言以对。我们聊了一会儿,然后我坐到妈妈的床边,要不是黑色的缎带在阅读灯的映照下轻轻飘动,我会以为她已经死了。六点钟,她睁开了眼睛。"现在是几点?我搞不清楚。已经晚上了吗?""你睡了整整一个下午。""我睡了四十八个小时!""噢,不。"我帮她回忆前一天晚上发生的事情。她看向窗外的夜色和闪烁的霓虹灯,又说了一遍:"我搞不清楚。"语气里隐隐有些生气。我告诉她谁来拜访了她,谁给她打过电话。"对我来说都一样。"她说。她试探着问我:"我听到医生说话了,他们在说'她一定是在镇静剂的作用下深度昏迷了'。"这是他们第一次大意。我解释说没有必要让她像昨天那样受苦了。他们打算让她多睡一睡,直到褥疮愈合。"是啊,"她语带责备地说，"但是我的时间就没了。"

"今天我没活好。""我的时间没了。"对她来说，每一天都是无法取代的。她要死了。她自己毫不知情，而我却了然于心。以她的名义，我反抗这一切。

她喝了几口汤，我们等着普佩特。"在这儿睡她很累。"妈妈说。"还好吧。"我说。她叹气道："我无所谓。"她想了一会儿，又说："让我担心的是，我现在什么都无所谓。"睡觉之前，她又狐疑地问我："他们能把人变笨吗？"这是一种抗议？我觉得更可能的情况是她想得到我的安慰——她的迟钝是由药物引起的，而不是因为病情恶化。

库尔诺小姐进来的时候，妈妈已经睁开了眼睛，转着眼珠，正在适应周围的环境。她神情严肃地盯着护士，甚至比一个发现了世界的婴儿还要专注。"你……你是谁？""我是库尔诺小姐。""这时候你怎么会在这里？""现在已经是晚上了。"我又跟她说了一遍。她睁大双眼，又问了库尔诺小姐：

"为什么你在这里？""您知道，我每天晚上都在您身边。""哼！这个想法真奇怪。"妈妈嗔怪道。我准备走了。"你要走了？""我走了你会不会不高兴？"她又重复了那句话："我无所谓。我对一切都无所谓了。"

我没有立刻就走。白班护士说妈妈可能撑不过晚上。她的脉搏从48跳到了100，十点钟的时候又恢复了平稳。普佩特躺下来，我回家了。我现在肯定P医生并没有骗我们。妈妈会在一两天内去世，但不会太痛苦。

她醒来时，头脑清醒。她一痛，他们就给她打镇静剂。我三点钟到，她还在睡觉，尚塔尔坐在她的旁边。"可怜的尚塔尔，"她过了一会儿对我说，"她很忙，我占用了她很多时间。""但是她喜欢过来，她太喜欢你了。"

妈妈陷入了沉思。然后悲伤地说："我吗，我都不知道我是否喜欢什么人了。"我记得她骄傲地说过:"大家都喜欢我,因为我让人愉快。"可渐渐地,许多人都让她感到疲倦,她的心已经麻木了,疲倦让她失去了所有的东西。然而,她最动情的话也不如这句漠不关心的话更打动我。之前,陈词滥调和条条框框遮掩了她真实的感受。我通过感情缺席留下的冷淡来感受其中的温暖。

她睡着了,呼吸声悄不可闻,我想:要是这呼吸就这样没了多好,什么痛苦都没有了。不过那黑色的缎带仍然起起伏伏,那一刻并不会轻松到来。五点钟,我根据她的要求唤醒了她,给她喝酸奶。"你妹妹希望我喝的,这对我有好处。"她喝了两三勺,我想到某些地方有把食物放在死者坟墓前的传统。我拈了一朵玫瑰给她嗅闻,是卡特琳前一天送来的:"是梅里尼亚克最后的玫瑰。"她只是失神地扫了一眼,就又陷入了睡眠。屁股上燎烧般的疼痛让她醒了过来。打吗啡——毫无作用。我像两天前那样握着她的手:"再等一分多钟,吗啡一会儿就起效了。再等一分钟就可以了。""这是酷刑。"她说，语调波澜不惊，她太虚弱了，连抗议的力气都没有。我又按了铃，坚持要再给她打一剂吗啡，帕朗姑娘铺了床，把妈妈移动了一下。她又睡着了，手像死人一般冷。护工嘟嘟囔囔，因为我把她六点钟端来的晚饭退了回去，医院的例行程序不可更改，在那儿临终和死亡都很平常。七点半，妈妈对我说："啊！现在我感觉很好。真的很好。我很久都没感觉这么好过了。"让娜的姐姐来了，她帮我喂了她一些汤水，还有加奶的咖啡。很难，因为她会咳嗽，很容易呛到。普佩特和库尔诺小姐建议我走。今晚很可能什么都不会发生，而我在那里会让妈妈起疑。我吻了吻她，她报以丑陋的微笑："我很高兴，让你看到我的状态这么好。"

我夜里十二点半睡的觉，睡前吞了一些安眠药。电话响了，我醒过来。"再过几分钟，玛塞尔就会开车来接你。"玛塞尔是利昂内尔的表妹，她载着我在空无一人的巴黎街头飞驰。在尚佩雷门旁边一家亮着红灯的小饭馆，我们在吧台前喝了一杯咖啡。普佩特到医院的花园里来找我们。"她走了。"我们一起上楼。这情景在意料之中，又让人难以想象，那具尸体就躺在床上，躺在妈妈原来的位置。她的手很冰，额头也是。这仍然是妈妈，但她永远都不在了。她的下巴缠着绷带，好把毫无生气的脸固定住。妹妹想回布洛梅街取几件衣服。"这么做有什么意义呢？""好像都这么做。""我们不这么做。"我无法接受给妈妈穿上裙子和鞋子，就像她要出门参加晚宴。我觉得她也不希望我们这么做——她以前常说，她一点都不在乎自己的皮囊要如何处理。"就给她穿上她的长睡裙。"我对库尔诺小姐说。"她的结婚戒指怎么办？"普佩特问，从桌子的抽屉里把它拿了出来。我们给她戴在手指上。为什么要这么做？也许是因为，这只小小的金色圆环在这个世界上再无容身之地了。

普佩特已经到了崩溃的边缘。望了一眼那个已经不是妈妈的"东西"之后，我很快就把她拉走了。我们在多姆咖啡馆同玛塞尔一起喝咖啡。她告诉我我走之后发生的事情。

　　九点钟，N医生走出房间，怒气冲冲地说："另一个创口夹也掉了。我们为她做了这么多，结果还是这样，真让人恼火。"他走了，留下我妹妹目瞪口呆。妈妈双手冰冷，却还在抱怨热死了，呼吸也困难。打了一针后她睡着了。普佩特脱了衣服，上床读侦探小说。到了午夜，妈妈动了动身子。普佩特和护士走到她床前。她睁开了眼睛："你们在这里做什么？为什么看起来这么担心？我很好啊。""因为你做了一个噩梦。"库尔诺小姐整理被子的时候摸了摸妈妈的双脚，已像死人的脚一样冰冷。我妹妹纠结要不要打电话给我。不过晚上那个点，我的出现会吓到妈妈，她的神志还是很清楚的。普佩特回到了床上。半夜一点，妈妈又动了。她用顽皮的语调哼唱一首爸爸以前经常唱的歌:"你要走啦,你要离开我们了。"普佩特叫道:"不,我不要离开你。"妈妈回以一个心照不宣的微笑。她的呼吸越来越困难。又一次注射之后,她含含糊糊地低声道:"必须……保留……衣橱。""保留衣橱(l'armoire)?""不,"妈妈说,"死亡(La Mort)。"她强调了"死亡"这个词,又补充了一句:"我不想死。""可你现在已经好多啦!"之后,她说起胡话来:"希望还能有时间介绍我的书……她愿照料谁就照料谁。"我妹妹赶紧穿好衣服:妈妈快失去意识了。突然,她叫道:"我喘不过气来!"她的嘴张大了,眼睛也睁大了,在那张苍白的脸上显得巨大无比。一阵抽搐过后,她陷入了昏迷。"去打电话。"库尔诺小姐说。普佩特打电话给我,我没有接。接线员持续拨了半个小时我才醒。与此同时,普佩特回去看妈妈——已经不在了。她的心狂跳不止,呼吸沉重,坐在那儿,茫然地看着周围。一切都结束了。"医生说她会像蜡烛一样燃尽。不是这样的,一点也不是那样的。"妹妹抽泣着说。"可是,夫人,"护士回答道,"我向您保证,她走得很安详。"

Une mort très douce

五

妈妈一辈子都惧怕癌症，住院时可能依然如此，尤其在照 X 光片的时候。手术过后，她一点都没往这个方面去想。有段时间她担心自己这个年纪的人很难恢复过来。但她从未有过一丝怀疑：她做的是腹膜炎手术，情况很严重，不过能治好。

更让我们感到惊讶的是她从未要求过请神父，甚至在生命垂危，说出"我再也见不到西蒙娜"这种话的那天也不曾要求过。玛尔特给她带去的祈祷书、十字架和玫瑰经，她没有从抽屉里拿出来过。有一个早上，让娜建议道："今天是礼拜天，弗朗索瓦丝婶婶，你不想领圣体吗？""噢，我亲爱的，我太累了，不想祈祷——上帝是宽容的！"塔迪厄夫人更加恳切，当时普佩特也在那儿，她问妈妈想不想见忏悔神父。妈妈的面色沉了下去："太累了。"她闭上眼睛，结束了对话。一个老朋友来见她，等人家走了，她对让娜说："我可怜的露易丝，她尽问我些傻话。她想知道这家医院有没有专职神父。我才不关心有还是没有呢！"

圣昂热夫人总是来烦我们："她都这么焦虑了，她一定想得到宗教的慰藉。""但是她不想。""她曾让我和几个朋友向她保证，帮她获得善终。""她现在想要的是好好恢复。"我们备受谴责。我们并没有不让妈妈接受最后的神圣仪式，但我们也不想强迫她。难道我们应该提醒她："你得了癌症，你快死了。"有的女信徒会这么干的，我确定，如果我们让她和她们单独在一起的话（若我站在她们的立场上，我就会惧怕这会引起妈妈的反叛之罪，让她在炼狱里待个几百年）。妈妈不想和她们聊这些。她希望环绕在她病床周围的是年轻的笑脸。"像我这样的老太太，我到养老院后还有的看。"她对她的侄孙女们说。她觉得和让娜在一起很安心，玛尔特和两三个信教但又通情达理的好友赞成我们的欺瞒。她不相信其他人，说起他们中的一些，总是带着某种程度的反感——她能觉察到哪些人会扰乱她内心的平静，这就像是一种本能："联谊会里的那些夫人，我不想再见到她们。我再也不想到那里去了。"

人们或许会想："她的信仰是表面的，说说而已，因为它在苦难和死亡面前不堪一击。"我不知何为信仰。不过她全部的生活都有赖于宗教，宗教就是其本质，我们在她抽屉里发现的几张纸证明了这点。如果她把祈祷仅仅看成是一种机械的嗡嗡声，数念珠不会比做填字游戏更累。事实上，她不做祈祷这件事让我相信，对她而言祈祷是一种需要集中精神、思想的活动，是一种精神状态。她知道应该对上帝说什么："治愈我吧。但为了实现您的意愿，我愿意死去。"她不愿意。在这现实的时刻，她没有选择说些言不由衷的好话。但与此同时，她也没有赋予自己反抗的权利，而是保持了沉默："上帝是仁慈的。"

"我无法理解，"沃捷小姐震惊地说，"你妈妈这么虔诚，她怎么会这么畏惧死亡！"她难道不知道有的圣徒在临终之际也会尖叫、抽搐吗？而且，妈妈并不畏惧上帝或魔鬼，她唯一恐惧的是离开这个世界。我的祖母见自己时日无多，就心满意足地说："我最后要吃一个小小的白煮蛋，然后再去与古斯塔夫相见。"她对生存并无激情，八十四岁的她过着阴郁而呆板的生活，死亡不会给她带来什么烦恼。我父亲的勇气不亚于她。"别让你母亲叫个神父回来，"他对我说，"我可不想演喜剧了。"他清清楚楚地交代后事。毁灭、怨恨，他接受虚无如同祖母接受天堂一般平心静气。妈妈像我一样热爱生活，面对死亡，她也跟我一样想进行反抗。在她最后的日子，我收到了很多批评我最新著作的来信："如果你还没失去信仰，你就不会这么惧怕死亡。"信徒怀着险恶的怜悯之心写道。也有善意的读者这么写："死亡也没什么，你的作品是不朽的。"我在心里告诉他们，他们都错了。宗教并不能给妈妈带来更多的慰藉，身后名对我来说也是一样。无论你相信的是天堂还是俗世，只要你热爱生活，永生就不可能是死亡的安慰。

Une mort très douce

六

如果医生在妈妈刚发病时就查出癌症，事情又会怎么样呢？无疑，妈妈可以接受放疗，或许还能多活两三年。不过她会知道，至少会怀疑自己究竟得了什么病，然后在恐惧中度过人生的最后一段时光。让我们懊悔的是，医生的误诊欺骗了我们，否则我们会把妈妈的快乐放在首要的位置。让娜和普佩特夏天不邀请她的事将不会发生。我也会多见见她，想办法让她开开心心。

让医生给她做手术抢救是对还是错？她，这个一天也不想错过的人，可是"赚了"三十多天。这些日子给她带来了欢乐，当然也让她受了不少罪。

她逃过了危在旦夕的苦难,所以我不能替她做出决定。对我妹妹来说,与妈妈再次相见的那天就是失去她的开始,她很难从这种打击中恢复过来。我呢?如果妈妈在那个星期三早上就去世了,我就永远不会经历过去这四周给我留下的那些画面、噩梦和悲痛。但我也无法估量我的震惊,因为我的悲伤会以一种我预料不到的方式爆发出来的。我们从这段缓刑之中得到了一点好处,它将我们从悔恨之中拯救出来,或者说几乎拯救了出来。当你所爱的人要死去,你会因为自己比她活得更久而感到刻骨铭心的悔恨。她的死亡让我们发现她是独一无二的:她变得像世界那样广阔,这个世界因她的存在而存在,因她的离去而毁灭。你感到她在你的生命中占据了更广阔的空间,甚至是所有空间。我们要将自己从这种晕眩中解救出来:她不过是众人中的一个罢了。但是你从未为任何人竭尽全力——甚至在你为自己设定的可疑的限度内——你就更有理由自责了。我们对妈妈尤其愧疚，在最后那些年里，我们对她既粗心又疏忽，甚至有意回避她。我们觉得在她最后的那些日子里陪伴了她，我们的在场给她带来了内心的平和，我们共同战胜了恐惧和疼痛。凡此种种，弥补了这种遗憾。如果没有我们的警觉和果断，她会受更多的苦。

实际上，相对而言，她的去世较为安详。"别把我丢到那些畜生手上。"我想到那些没有人可以吁求的人，面对冷漠的医生和过度劳累的护士，感到自己孤独无助，一定非常痛苦。在他们被恐惧攫住之时，没有人会将手放在他们的额头上；当他们痛得流泪之时，也无法获得镇静剂的安慰；更不会有人用善意的谎言去填补那种空虚的沉默。"她在二十四小时之内老了四十岁。"这句话始终萦绕在我的心头，至今也不曾释怀。这是为什么？临终太可怕了。在公共病房里，当最后的时刻逐渐迫近，他们只会用一座屏风围住垂死者的病床，他见过这座屏风围起其他床，而那些床到了第二天就空了——他知道。我想象妈妈在几个小时之中被没有人能直视的黑色太阳照瞎了：她那睁大的眼睛和扩散的瞳孔之中透露出恐惧。她死得很安详，是特权者的死亡。

Une mort très douce

七

普佩特睡在我家里。上午十点,我们回到了医院,那里就像旅馆一样,病房中午前就要腾出来。我们又一次上楼,打开两扇门,床是空的。房间的墙、窗户、灯具、家具,所有的东西都仍在原位,然而白净的床单上却空无一物。预测,并不等于知道:这一打击就像我们事先毫无预料一样猛烈。我们把手提箱从橱柜里取出来,把书、衣物、盥洗用品和文件都塞进去。六个星期的亲密关系被背叛所破坏。我们留下了那件红色的睡袍。然后穿过花园,太平间在院子里的某个地方,在绿色植物的掩映之中,妈妈的尸体就在那里,下巴上缠着绷带。普佩特痛苦至极——既是出于自愿，亦是不期而至。她遇到了最沉重的打击。她太痛苦了，我不好建议我们再去看看。我也不确定自己是否想再看一眼。

我们把手提箱丢在布洛梅街的门房那里。我们看到一家殡仪店。"这儿做得和其他地方一样好。"两个黑衣绅士问我们想做什么，给我们展示了不同种类的棺材的照片。"这具更有美感。"普佩特破涕为笑。"更有美感！那个盒子！她不想被放到盒子里去。"葬礼安排在星期五，就是两天以后。我们想要鲜花吗？我们说要，却不知道为什么，不要花圈，也不要十字架，而是要一大束花。很好，他们会提供一条龙服务，安排妥一切事情。下午，我们把手提箱拎上了公寓，勒布隆小姐已经对这里进行了改造，比原来好多了。我们把包里的便衣和睡衣塞进衣柜，把书摆在书架上，扔掉古龙水、糖果和盥洗用品，然后把其他的东西都带到我家。那天晚上我无法入睡。妈妈给我留下的最后一句话是"我很高兴，让你看到我的状态这么好",为此我并不感到遗憾,但我确实自责,因为我这么快地抛弃了她的遗体。她,还有我妹妹都这样说:"尸体毫无意义。"然而那是她的肉,她的骨,在一段时间里,她的脸也依然是她的脸。父亲临终之时,我一直陪伴着他,看着他如何由一个活生生的人变成了纯粹的物体,我抓住了存在与虚无之间的转变。但是对妈妈,我在吻了她之后就立刻走了,所以我觉得她仍活着,孤独地躺在冰冷的太平间中。入殓仪式在第二天下午举行,我要去吗?

四点钟的时候,我去医院结医药费。有人给妈妈寄了明信片,还有一袋子的糖。我上楼和护士们说再见。看到那些女孩子,马丁和帕朗,在走廊中嘻嘻哈哈的样子,我的喉咙缩紧,一个字也说不出来。我走过114号房门口,他们已经把"访客止步"的牌子取下来了。在院子里,我迟疑了一会儿,还是没有那个勇气。再说,这么做有什么意义呢?我仓皇离去。我又看到了皮尔·卡丹的店,看到了那些漂亮的睡裙。我心想再也不用坐在那座大厅里,也不用拿起那只白色的电话,不用那样在大街上漫游了。如果妈妈康复了,我会很高兴不再保持那些习惯,然而我是因为失去她才失去它们的,所以我对它们仍有所怀念。

我们想给她的至交好友分送一些纪念品。我们打开她的草编包,里面塞满了毛线球,没织完的毛线,她的吸墨笺、剪刀、顶针,我们一阵激动。每个人都明白事物的力量,生命凝结于其中,比任何时刻都明显。它们静静地躺在我的桌子上,如同被遗弃的孤儿,再也派不上用处,等待着被当作废物丢弃或者找到另一个归宿——弗朗索瓦丝阿姨送给我的收纳箱。我们把她的手表留给了马塞尔。在解下那条黑色丝带的时候,普佩特哭了:"这太傻了,我不是个喜欢收藏东西的人,但我不能把这条丝带扔掉。""留着它吧。"我们没有必要假装死亡是生命的一部分，在不理性的事物面前理性地行事，面对复杂而令人困惑的情感，以合适的方式进行处置。我都能理解——留下各种各样的遗愿，或毫无遗愿；不去拥抱尸骨，或将你所爱之人的尸体葬入普通的坟墓。如果我妹妹希望能给妈妈穿上好看的衣服，或留下她的结婚戒指，我当然会尊重她的意愿，就像接受我自己的那样。关于葬礼，我们没有什么需要自问的。我们觉得我们了解妈妈想要什么，我们就照办了。

不过我们遇到了一些巨大的困难。我们家在皮埃尔-拉雪兹公墓持有一处永久产权的墓地，是一百三十年前我们曾祖父的姐姐来尼奥夫人买的。她埋在那里，我们的祖父，他的妻子、兄弟，我的伯父加斯东和我父亲也都埋在那里。可地方已经不够了。在这种情况下，死者会被安葬在一个临时墓穴里，只有把先人的遗骸全部集中在一个棺材后，我们才会把他（她）重新埋葬在家族墓里。由于墓地非常昂贵，管理机构试图收回已出让的永久租地，要求业主每三十年重续租用权。这一期限已过，我们没有及时得到通知，不知道我们有可能失去租用权，因此我们仍保有此项权利，除非来尼奥的后人提出异议。在律师提供相关证据之前，妈妈的遗体被保存在一个冰库中。

我们很害怕第二天的葬礼。我们吃了一些安眠药，睡到七点钟，然后喝了点茶，吃早饭，又吃了一些镇静剂。快八点钟的时候，一辆灵车停在空无一人的街道上。黎明之前，它就去医院接来尸体，是从医院的后门出来的。我们穿过寒冷的晨雾，普佩特坐在司机和某位迪朗家族的先生中间，我坐在后排，紧靠着一个金属柜。"那是她的骨灰？"我妹妹问。"是的。"她抽泣了一会儿。"我唯一的安慰，"她对我说，"就是总有一天我也会如此，否则就太不公平了。"是啊，我们也在参与我们自己的葬礼演习。不幸的是，尽管每个人必有此一遭，但每个人的体验都是单独的。在那段痛苦的而妈妈却以为是在康复的日子里，我们并不曾离开过妈妈，却与她彻底地分离了。

灵车载着我们穿过巴黎，我注视着那些街道和来来往往的人群，尽量什么也不想。墓园门口停着很多车，都是家里亲戚的。他们随我们来到小教堂，大家都下了车。当装殓工把棺材抬出来时，我拉着普佩特走向姨妈，她伤心得脸都哭肿了。我们走进去，排成一队，教堂里挤满了人。灵柩台上没有放置鲜花，殡仪店的人把它们留在灵车上了，这也没什么要紧的。

一个穿着无袖长袍的年轻神父，做了简短的布道，声音悲伤。"上帝很远了，"他说，"甚至对你们中间信仰最坚定的人来说，上帝已经很远了，似乎已经不在，甚至几乎不管我们了。但他给我们派来了他的儿子。"人们放了两张跪椅，用来祈祷。几乎每个人都在祈祷。神父又简短地说了几句。当他说

"弗朗索瓦丝·德·波伏瓦"的时候大家都哽咽了。这几个字让她重新浮现在我们眼前。他们总结了她的过往经历，从出生到结婚，从寡居到死亡。弗朗索瓦丝·德·波伏瓦，这个平凡的、很少被人们提及的女人，成了一个重要人物。

人们排成一行，有的女人在哭泣。当殡葬工把棺材抬出教堂的时候，我们还在握手。普佩特看到了那一幕，瘫倒在我的肩膀上："我答应过她不会把她放到那个盒子里的。"我庆幸她忘记了母亲另外一个祈求："别让我掉进洞里！"一位迪朗先生对大家说现在可以散去了，葬礼已经结束了。灵车自行开走了，我甚至都不知道它会驶向哪里。

在我从医院带回来的吸墨笺里，我发现一张小纸条上写着两行字，字迹刚劲有力，就像是在二十岁的时候写的一样："我想要一场非常简单的葬礼。不要鲜花，也不要花环，但要有许多祈祷。"啊，我们最后真的实现了她的遗愿，忠实得连鲜花都忘了。

Une mort très douce

八

为什么母亲的去世会给我带来如此强烈的震撼？自我离家之后，我对她已经没什么感觉了。当她失去我父亲时，她那种强烈而又单纯的悲伤让我动容，她对别人的关心也使我深受感动。"想想你自己。"她对我说。她以为我是因为不想加深她的痛苦才强忍眼泪。一年之后，她母亲的死让她痛苦地回忆起去世的丈夫：葬礼那天，神经衰弱迫使她卧床休息。那晚我陪在她身边，忘了自己对那张婚床的厌恶——那是我出生而我父亲丧命的地方，看着她沉沉睡去。五十五岁的她，眼睛紧闭，面容宁静，依旧是美丽的。我赞赏她的情感压倒了她的意志。通常来说,我对她并没有什么特别的感情,然而在我的梦中(我父亲几乎不怎么出现,即使出现也是不太重要),她常常扮演着非常重要的角色:她和萨特混淆在一起,我们在一起玩得很开心。然后这个梦就变成了噩梦:我为什么又和她住在一起?为什么又落到她的掌控之中?我们之前的关系对我来说是双重的,是一种让我既爱又恨的隶属关系。当她出了意外,她的疾病和死亡打破了我们惯常的交流模式之后,这种关系全然复活了。时间在那些离开这个世界的人身后消逝,我的年纪越来越大,过去的岁月就越发模糊。我十岁时的"亲爱的妈妈"与那个在我的青春期时压迫我的充满敌意的女人再也分不清了;当我为老母亲哭泣时,我也是为年轻的母亲哭泣。我以为我已经弥补了我们失败关系的遗憾,但悲伤又回到我心里。我看着我们俩的两张合影,是在同一时期拍摄的,那时我十八岁,她快四十岁了。那个目光忧郁的小女孩，我今天几乎都可以成为她母亲、她外婆了。我同情她们。同情我，是因为当时的我是那么年轻，什么都不懂；同情她，是因为她已经没有未来，而她永远也不会明白了。可是我并不知道应该给她们什么样的建议。我没有能力抹除童年时的不幸，她因此而不快乐，也让我不快乐。如果说，她在未征求我同意的情况下毒害了我几年，我也在不知不觉中报复了她。她对我的内心世界忧心忡忡，但在这个世界上，她还是会为我的成就感到开心，可惜我在她的圈子里引发的流言蜚语让她伤透了心。听到一个表亲说"西蒙娜是我们家族的耻辱"时，她感到很痛苦。

妈妈在患病期间的突然变化让我的悔恨与日俱增。正如我之前说过的，她是一个性格坚强、脾气急躁的女人，因为她拒绝承认自身的矛盾性，她把自己的生活搞得一团糟，也不受别人的待见。她躺在床上，决定只为自己而活，但与此同时，她仍关心别人:在她的冲突中产生了一种和谐。我父亲和他的社会角色完全吻合:他的阶级和他本人发出同一种声音。他临终留下遗言:"西蒙娜,你很早就自力更生了,但你妹妹花了我很多钱。"这不是那种让人伤感的话。母亲被笨拙地束缚在一种唯心主义的意识形态之中,但是她对生命有一种动物般的激情,那是她勇气的来源,并且一旦意识到自己的肉身之重,这种勇气就会把她带向真理,使她摆脱那些掩盖了她诚挚和可爱那一面的成见。就是在那个时候,我感受到了一种温暖的感情,它常常被妒忌扭曲,表达得十分糟糕。在她遗留的纸堆中,我找到了一些令人动容的证据。她把两封信弃置一边,一封是耶稣会士写的,另一封来自一个朋友,他们都安慰她说总有一天我会回到上帝那里的。她抄了一段话,是尚松[1]写的,大意

1　安德烈·尚松(André Chamson,1900—1983):法国档案学家、小说家和散文家,曾被提名诺贝尔文学奖。

是：如果我在二十岁的时候遇上了一个更有威望的长者，他跟我谈起尼采、纪德和自由，我会与家庭决裂。这段话是从一张剪报上摘下来的，文章的题目叫作《让-保罗·萨特拯救了一个灵魂》。在这里，雷米·鲁尔说（他说得不对），《巴约拿》[1]在第十二战俘集中营丁室里演出之后，一个无神论的医生皈依了。我很清楚她在这些纸片中想寻求的是什么：妥善解决我的问题。不过，如果不是她对我的拯救感到越来越焦虑，她不会有这方面的需要。"我当然想上天堂了，但不只是我一个人，我要和我的女儿们一起去。"她这么写给一个年轻的修女。

爱、友谊和同志情谊很少能战胜死亡的孤独，尽管表面看来如此。即使当我握住妈妈的手，我也并没有和她在一起：我在欺骗她。因为她总是被欺骗，这种高明的欺瞒让我感到恶心。我已成了那个

---

[1] 萨特被俘时创作的戏剧。

滥用她的命运的帮凶。但与此同时，我身体中的每一个细胞都加入了她的拒绝和反抗。也正是因为如此，她的失败让我不知所措。尽管妈妈去世的时候我并不在她身边，尽管我已经亲眼见证了三个人真实的死亡过程，但是只有在她的床边，我看见了死神——跳着死亡之舞，露出嘲弄的笑容的死神；在炉边故事里，手持镰刀来敲门的死神；无处不在，诡异而不通人性的死神：它就存在于妈妈的脸上，每当她露出牙龈，展现出无知的笑容时。

"他已经到了死的年龄。"老人的悲哀及其流亡——他们中的大多数都觉得这个时刻还未到来。涉及我母亲，我也如此。之前我并不明白，为什么一个人可以发自内心地为一个亲戚，一个七十多岁的前辈痛哭流涕。如果我遇到一个五十岁的女人因为失去母亲而伤心欲绝，我会觉得她过于敏感：我们都是凡人，到八十岁早该入土了。

然而事实并非如此。人不会因为出生、生活

和衰老而死亡。人是死于某种原因。我母亲年事已高，她的生命很快就要终结，但是这样的认识并不能缓解我们的惊恐：她长了肿瘤。癌症、血栓、肺炎，它们就像引擎骤停在半空，残酷而又难以预料。瘫痪、垂死的母亲鼓励大家要保持乐观，要珍惜每时每刻。但她徒劳的顽强也撕破了日常琐事令人安心的帷幕。没有什么自然的死亡，在人身上发生的一切永远都不会是自然的，因为人的存在本身就对世界提出了质疑。凡人皆有一死，但对每个人来说，他的死亡都是一场意外，即使他深知并接受这一点，这仍然是一种不当的暴力。

译后记

在回忆录《事物的力量》的结尾,五十五岁的波伏瓦悲观地写道:"末日即将来临以及身心俱疲的必然性致使我没有勇气去抗争,再者,我的种种幸福快乐也已淡然无趣了……那将我与尘世连接在一起的纽带,一条条地被蚕食,它们在绷断,很快就会悉数断裂。"[1] 但她没有想到,就在写下这段话的时候,把她带到这个世界上来的那条纽带也要绷断了,

---

[1] 西蒙娜·德·波伏瓦:《波伏瓦回忆录》第三卷,陈筱卿译,作家出版社,2013,第351页。

而她自己将被"连根拔起",重新去理解衰老、死亡、生命和爱的意义。

这条纽带的另一头就是她的母亲弗朗索瓦丝·德·波伏瓦。熟悉波伏瓦的人不会忘记弗朗索瓦丝,《端方淑女》里那个控制欲强、咄咄逼人的母亲。她对女儿们的严密管控和精神高压,给波伏瓦留下了浓重的心理阴影。每当提到"母亲",波伏瓦就成了"战斗的海狸",毛发皆竖,无法放松警惕。她在笔下塑造了一个个可悲又可恨的母亲形象,直言"母性通常是自恋、利他、懒散的白日梦、真诚、欺诈、奉献和玩世不恭的奇特混合"[1]。生活中她也拒绝结婚生子,理由之一就是"我觉得自己和父母之间没有多少亲情,因此对自己可能会有的儿女事先

---

1 西蒙娜·德·波伏瓦:《第二性》,陶铁柱译,中国书籍出版社,1998,第582页。

视同陌路"[1]。她的强硬姿态和战斗气质为渴求自由却深受家庭束缚的年轻女性带来了令人振奋的精神力量,但与此同时,与母亲的和解也似乎遥遥无期。波伏瓦仍旧赡养老母,却不再和她有深入的交流。萨特、写作、旅行还有巴黎左岸的男人女人们才是她的现实生活,而母亲有如一座雕像——承载了年少时的记忆,标记着曾经的反抗,提醒她要毫不妥协地守卫自己的独立,但本身不再有任何触动真实的力量。

不过,从1963年10月24日,她得知母亲摔倒住院的那天开始,事情发生了转变。波伏瓦原本以为,母亲只是股骨颈骨折,休养一段时间就可以康复。没想到半个月后医生告诉她,他们在弗朗索瓦丝身上发现了癌细胞。很快,母亲就在病痛的折磨

---

[1] 西蒙娜·德·波伏瓦:《波伏瓦回忆录》第二卷,黄荭、罗国林译,作家出版社,2012,第53页。

中去世了。父亲去世时，波伏瓦没有掉一滴泪。她告诉妹妹普佩特，万一妈妈离开，自己也是这样的。可她食言了。刚得知母亲罹患癌症，她的心中就掀起了滔天巨浪。雕像的禁锢被解除：那个强势而专横的母亲，那个可悲的丧失主体性的女人重新回到了她的生活中。但这一次，使她痛苦的不再是母亲的淫威，而是她的衰老和病痛。她，曾经满腔怒火的小姑娘，满怀批判意识和斗争精神的女性主义先驱，变成了一个充满同情心的守护者，因母亲的病痛、死亡、徒劳的抗争，她对母亲的欺骗，还有她们之间充满了遗憾的关系悲伤地哭泣。

《她弥留之际》这本书就写于母亲去世后的冬季。书很薄，却倾注了波伏瓦巨量的情感。给美国情人的信里，她说自己从未如此急切地想去做一件事（写这本书）。《清算已毕》中她回忆那时候几乎每夜都会梦见母亲——有时因梦见她被救活了而惊喜，有时又因知道永远地失去她了而感到悲伤。不过，波伏瓦并没有用虚伪的感伤主义和言不由衷的忏悔之言将她对母亲的种种感情漂亮地包裹起来，而是为读者们讲述了更多关于弗朗索瓦丝的故事——写《端方淑女》时没有告诉他们的那些——缺乏关爱的童年，不幸的婚姻，寡居后的新生活，她的偏见、拘谨、笨拙，还有善良、乐观、活力……以一种在她作品中少见的充满悲悯和柔情的语调，却诚恳地直面了母女长久以来的矛盾。她的讲述既为读者们提供了反观她女性主义思想的独特视角，也使人感受到一种非常真切的悲哀，为这位母亲，也是为这个女儿。

不止如此。正如法兰西学院的皮埃尔-亨利·西蒙所说："西蒙娜·德·波伏瓦也许是把她自己写入了这一百六十页中，即使不是她最好的一部分，至少是最秘密的一部分。"[1] 弗朗索瓦丝的死其实也是波伏

---

[1] 克罗迪娜·蒙泰伊：《波伏瓦姐妹》，王晓峰译，人民文学出版社，2007，第96页。

瓦清点自己的契机。其实早在几年前,她就已经陷入了不断滋生的负面情绪中。这个曾贪婪地享受生命、充满激情与斗志的海狸,对人生的限度有着超乎寻常的敏感,然而现实却是她正在走下坡路:阿尔及利亚战争的阴影、镜子里日渐老去的容颜、几段恋情的彻底终结、老友的相继离世、激情不再的事业……有的时候,读者们甚至都难以分清她究竟是在写母亲的痛苦,还是自己的恐惧。但她还是找到了自己和母亲最根本的共同点:顽强的生命力。毋庸置疑,无情的自然法则下,母亲所有的努力和抗争都是徒劳无功的,但她仍然——按存在主义的说法——有所"选择":五十四岁,丧偶的弗朗索瓦丝搬进了一间工作室,积极学习各种新技能,努力融入社会;七十八岁,病床上她宣布要开启人生的新篇章,在疾病的折磨下苦苦求生,连医生都为她的活力感到惊奇……母亲对生命的眷恋和展现出的勇气深深地触动了波伏瓦,激情和斗志似乎又回到了她的身体里。与此同时,她也将目光投射到了更普遍的老年群体的境况和社会文化的深层偏见,用自己的亲身经历,使人们开始正视社会制度和文化层面对老年群体隐含的不公正和歧视。可以说,《她弥留之际》是她之后的那部媲美《第二性》的著作《老年》(1970)的先声。

据说《她弥留之际》是波伏瓦众多作品中萨特非常喜欢的一部。对我来说也是这样。波伏瓦曾说希望自己的亲身经历能唤起读者的"兄弟情谊",而我,就是一个感受到"情谊"的"兄弟"。除了她对母亲复杂的感情,这本书最打动我的还有她对于临终过程的细致描述,以及对医疗和临终伦理问题的思考。无法忘记就在翻译这本书的前一年,她的恐惧、悔恨和必须面对的残酷抉择,我都一个个地经历过来。我想这就是文字的力量,在不同国家、不同年代,素昧平生的人之间连接起沟通生命经验的纽带,让孤独的个体互相拥抱。不过,仍然要指出,这并不意味着就要给予波伏瓦全然的信任。经验可以分享,思考却必须独立。在波伏瓦看似平铺直叙的文风背后也有精心或无意的剪裁。她就像一个对你讲故事的老大姐,有着自己理解事情的角度。你当然可以同情她的遭遇,耐心地听她说下去,但或许也可以在某些时刻打断她,告诉她你的怀疑或不同想法……

能成为这本书的译者让我感到无比幸运。不过本书的诞生并不只是我一个人努力的结果:非常感谢我的导师潘一禾,没有她的鼓励和帮助,我不会有勇气翻译这本书,更不会有机会参与出版该书;也非常感谢深圳出版社和果麦文化的编辑老师,没有你们专业、严谨、耐心的修改,这本书不会是现在的样子。

她弥留之际

作者 _ [法]西蒙娜·德·波伏瓦　　译者 _ 赵璞

编辑 _ 刘悦慈　　装帧设计 _MAKIII
技术编辑 _ 陈杰　　责任印制 _ 刘世乐　　策划人 _ 曹俊然

营销团队 _ 闫冠宇 杨喆 刘子祎　　物料设计 _ 文薇

果麦
www.goldmye.com

以 微 小 的 力 量 推 动 文 明

版权登记号　图字：19-2024-281号

Une mort très douce
par Simone de Beauvoir
© Éditions Gallimard, Paris, 1964

图书在版编目（CIP）数据

她弥留之际 /（法）西蒙娜·德·波伏瓦著；赵璞译. -- 深圳：深圳出版社，2025.1（2025.5重印）. -- ISBN 978-7-5507-4150-8

Ⅰ. K835.655.6

中国国家版本馆CIP数据核字第2024FT3298号

她弥留之际
TA MILIU ZHI JI

责任编辑	林凌珠
责任校对	万妮霞
责任技编	梁立新
特约编辑	刘悦慈
装帧设计	MAKIII
封面图源	Amy Friend

出版发行	深圳出版社
地　　址	深圳市彩田南路海天综合大厦（518033）
网　　址	www.htph.com.cn
订购电话	0755-83460239（邮购、团购）
设计制作	深圳市龙瀚文化传播有限公司 0755-33133493
印　　刷	深圳市福圣印刷有限公司
开　　本	787mm×1092mm　1/32
印　　张	5.25
字　　数	56千
版　　次	2025年1月第1版
印　　次	2025年5月第2次
定　　价	45.00元

版权所有，侵权必究。 凡有印装质量问题，我社负责调换。

法律顾问：苑景会律师 502039234@qq.com